ALI-BEL-LARBI

ET

SES DÉNONCIATEURS

TRIBUNAL DE CONSTANTINE

ALI-BEL-LARBI

CAÏD D'AÏN-BEIDA

ET

SES DÉNONCIATEURS

« Les hommes sont comme les statues,
» il faut les voir en place. »

LA ROCHEFOUCAULD.

MÉMOIRE JUDICIAIRE

CONSTANTINE

TYPOGRAPHIE L. ARNOLET, RUE DU PALAIS

1871

Au commencement du mois d'avril dernier, le caïd Ali-bel-Larbi, du cercle d'Aïn-Beida, voulant, disait-il, en finir avec les dénonciations mensongères — dont l'*Indépendant*, de Constantine, s'était fait, à son insu, sans doute, le complaisant écho, — nous priait d'aviser le public, par la voie de ce même journal, qu'il se proposait de réfuter ces dénonciations, dans un *mémoire* qui serait publié au moment où il appellerait ses dénonciateurs devant la justice française.

A cet effet, il nous autorisa à faire insérer, en son nom et sous sa signature, dans l'*Indépendant*, les trois lettres suivantes, — fidèle, mais pâle traduction de sa pensée, que nous avons vainement essayé de reproduire sous sa forme imagée et sa couleur orientale.

Ces lettres avaient pour but de hâter la publication du résultat des enquêtes faites à l'occasion des dénonciations lancées directement ou indirectement contre lui.

Il nous a paru qu'elles devaient être la préface naturelle de ce *mémoire*.

Les voici dans leur ordre chronologique :

» Constantine, le 16 avril 1871.

» *Louanges à Dieu!*

» Monsieur le Rédacteur,

» Ni le silence n'est toujours d'or, ni la parole toujours d'argent.

» Dans plusieurs numéros de votre estimable journal, vous avez accueilli des articles pouvant porter une sérieuse atteinte à mon honneur comme homme, et à ma considération comme caïd.

» En revanche donc, je viens vous prier d'accueillir les trois lignes suivantes :

» Rien de plus faux que les accusations et les insinuations de ces articles contre moi ;

» Si je n'y ai pas encore répondu, c'est que, fort de mon innocence, et convaincu jusqu'à ce jour qu'ils n'étaient pas de nature à me nuire, j'avais cru possible de me taire.

» Mais, aujourd'hui que ma dignité et les droits de la vérité altérée, méconnue, outragée, m'imposent le devoir de parler, je parlerai !

» Je parlerai dans une courte, mais complète et prochaine *Défense,* qui, j'en ai la plus absolue confiance, à vos yeux et à ceux de tout lecteur impartial, me lavera de toute ombre d'accusation et de reproche.

» Agréez, etc.

» ALI-BEL-LARBI,

» Caïd d'Aïn-Beïda. »

« Aïn-Beïda, le 28 mai 1871.

» *Louanges à Dieu!*

» Monsieur le rédacteur,

» Votre journal est un écho. Il *répète* le bien et le mal.

» Après avoir reproduit contre moi des accusations monstrueuses, il a bien voulu annoncer ma *défense* contre ces accusations.

» Cette défense serait déjà publiée, et, je n'en doute pas, vous en eussiez résumé sans commentaire les indiscutables conclusions, si j'avais eu sous la main celles provoquées par ces accusations.

» Achevées depuis longtemps, j'espérais que, sous forme de *communiqué* ou autrement, quelque chose de ces enquêtes transpirerait dans vos colonnes, et, par elles, se répandrait au dehors et dans le public.

» Je me trompais !

» Mais bientôt, sans doute, cette satisfaction me sera donnée, à moi et à tous ceux qui, accusés avec moi, ont droit à la même justification que moi.

» Ma conscience me dit, et les enquêtes diront à tout le monde, que notre conduite, malgré les attaques de l'envie, les menées de l'ambition et les manœuvres de la fraude, est restée invulnérable à la dent des méchants.

» Je demande donc, je demande avec vous, je demande surtout avec le capitaine Marty (1), la publication de ces documents.

» Là est mon bordj, là, mon cheval de bataille, là, le drapeau de mon innocence.

» Ce bordj, c'est la justice qui me l'a construit ; ce cheval, c'est la justice qui me l'a fourni ; ce drapeau, c'est la justice qui me l'a préparé.

» C'est au nom de la justice que je les réclame, et que je vous prie d'être l'organe de ma réclamation.

» La justice, en Algérie comme en France, n'est ni louche, ni borgne, ni aveugle, et mon expérience m'a plusieurs fois appris qu'elle ne veut pas que les justiciables le soient.

» Voir elle-même la vérité, la vérité tout entière, la voir directement de ses deux yeux, et la faire voir aux autres de la même façon, voilà ce qu'elle veut, et ce que je veux avec elle et comme elle !

» Caïd ALI-BEL-LARBI. »

(1) Commandant supérieur du cercle d'Aïn-Beida.

« Aïn-Beïda, le 26 juin 1871.

» *Louanges à Dieu!*

» Monsieur le Rédacteur,

» Depuis quelques mois et à deux reprises différentes, l'*Indépendant,* avec une impartialité et une courtoisie dont je lui sais un gré infini, a bien voulu ouvrir ses colonnes à deux réclamations de ma part, dont l'une avait pour but la publication, dans le plus court délai possible, par l'autorité compétente, des conclusions des deux enquêtes sur des questions qui touchent tout à la fois à ma considération et à mon honneur comme homme, à ma dignité et à mon avenir comme caïd.

» Publiquement attaqué, j'ai le droit et le devoir de me défendre publiquement.

» Et d'ailleurs, Chef d'un commandement, n'est-il pas d'un intérêt général qu'il soit hautement constaté que jamais en moi, ni le simple particulier, ni le fonctionnaire, n'ont failli?

» Sans le vouloir ni le savoir, votre journal avait publié contre moi des accusations imméritées; n'est-il donc pas équitable que, sciemment et volontairement, il publie *sans retard* les résultats d'enquêtes qui, j'en suis convaincu, sont le rocher de mon droit et le bouclier de mon innocence ?

» Pour nous, Musulmans, comme pour vous, Français, sans doute, il n'est de bonne justice que celle qui est prompte comme la foudre, rapide comme l'éclair, brillante comme le soleil !

» C'est cette justice que je réclame ; c'est de cette justice qu'une dernière fois, je viens vous prier d'être, en quelque sorte, l'instrument et l'organe.

» Agréez, etc.

» ALI-BEL-LARBI,

» Caïd d'Aïn-Beïda. »

Peu de jours après cette dernière lettre, nous connaissions les conclusions des enquêtes; — conclusions on ne peut plus favorables à notre client, — et c'est alors que, l'examen attentif et l'étude détaillée de chacune des pièces du dossier de notre client, les ayant pleinement confirmées à nos yeux, nous avons écrit ce mémoire.

Avons-nous rempli les promesses d'Ali-bel-Larbi et réalisé ses espérances?

Au lecteur de le dire !

C. FRÉGIER,
Ancien Magistrat,
Avocat-défenseur à Constantine.

ERRATA

———

Page 3, ligne 20, au lieu de : *cause*, lisez : *cause?*

Page 5, ligne 9, retranchez le mot : *jamais.*

Page 5, ligne 12, retranchez le mot : *seulement.*

Page 49, ligne 29, au lieu de : *inhumation*, lisez : *exhumation.*

Page 50, ligne 8, retranchez le mot : *procès-verbal.*

Page 50, ligne 23, au lieu de : *surtout celle*, lisez : *de celle.*

Page 52, ligne 31, au lieu de : *dix ans*, lisez : *dix jours.*

Page 64, ligne 15, au lieu de : *fausse*, lisez : *vraie* et au lieu de : *vraie*, lisez : *fausse.*

Page 87, lignes 15 à 17, au lieu de : *ce que vaut le creuset, ce que vaut le scalpel du savant, du chimiste?* — lisez : *ce que vaut le creuset du chimiste, ce que vaut le scalpel du savant?*

Page 96, ligne 4, au lieu de : *avait-elle*, lisez : *avait-elle?*

> Les hommes sont comme les statues :
> il faut les voir en place.
>
> LA ROCHEFOUCAULD.

« Pourquoi ces pages — consacrées, disons-le tout de suite et sans ambages, à la défense politique, administrative et privée, d'un chef arabe, d'un caïd, d'un de ces hommes dont l'influence latente, l'autorité publique, le crédit, en quelque sorte, officiel, les paroles, et, qui plus est, les actes hypocrites et menteurs, peuvent, à un moment donné, et pour ne rien dire de plus, précipiter, sinon la France, tout au moins l'Algérie, dans les plus terribles et les plus funestes complications ? »

— Pendant que j'écris ces lignes, — pour des causes que je n'ai pas à rechercher ici, mais dont la principale est incontestablement le fol espoir chez l'Arabe vaincu, mais non soumis, de secouer le joug, si peu lourd pourtant, de ce trop généreux Français, de ce vainqueur, à son tour vaincu, dompté, et peut-être, selon lui, à jamais anéanti par un ennemi non moins heureux que puissant, — l'Algérie est matériellement et moralement en feu. Des montagnes de La Calle et de Souk-Ahras aux plaines de

Tlemcen et de Oudja, et des sommets des Babors jusqu'aux flancs des Aurès, les seules forêts, autrefois respectées par la torche de sauvages incendiaires, sont la proie des flammes : des tribus, plus ou moins excitées, plus ou moins stimulées par des prêcheurs de guerre sainte, font, ouvertement ou sourdement, cause commune avec le foyer kabyle d'une sédition, partie religieuse, partie politique, — préparée, allumée, attisée, depuis plusieurs années, par des mains fortes et habiles sans doute, mais plus encore dissimulées et trompeuses.

Et, chose inconnue depuis la prise d'Alger! tel est le caractère, telle, l'intensité calculée de cette nouvelle et, nous l'espérons bien, dernière insurrection, qu'en quelque région de l'Algérie que vous jetiez vos regards, là où vous ne voyez pas encore, et même où vous ne voyez plus, les sinistres lueurs de l'incendie, pour peu que vous remuiez les cendres qui parsèment le sol algérien, du Jurjura à Tuggurt, partout vous découvrez des tisons ardents, d'autant plus vivaces et redoutables, qu'ils y sont plus profondément cachés, ou en sont plus adroitement recouverts. Événements, circonstances néfastes, que nul ne déplore plus sincèrement et plus amérement que nous! Français par le sang, Algérien par le cœur, tout ce qui touche, tout ce qui afflige la France et l'Algérie, nous touche et nous afflige. Enfant tendre et dévoué d'une double patrie, nous souffrons de toutes les souffrances de notre mère naturelle et adoptive, et, pour verser notre modeste goutte d'huile sur ses blessures, nous ne reculerions devant rien..., pas même l'effusion de notre sang, — encore moins l'abandon d'un client et surtout d'un client arabe, — si la vérité, si le droit, si la justice, si, en un mot, la civilisation, qui est le fruit et le couronnement de ces trois choses, inviolables comme la conscience, saintes comme la raison, sacrées comme Dieu, ne nous imposait l'impérieux devoir de ne pas faire litière d'une pareille défense !

Oui ou non ! *Ali-bel-Larbi* (c'est le nom de notre caïd) cet homme, ce fonctionnaire, tant de fois et si hautement diffamé, mérite-t-il d'être défendu ? En d'autres termes, suis-je convaincu non-seulement de l'injustice et de l'impuissance de l'accusation, mais encore de la pleine et entière innocence de l'accusé ?

Si oui, et là est toute la question, peu importe qu'il soit Arabe, peu importe qu'il soit caïd ! je ne saurais lui refuser mon ministère ! coupable, je pourrais, innocent, je dois le défendre.

Or, qu'il soit innocent, innocent et comme homme privé et comme homme public, c'est ma conviction, inspirée par l'aspect général de son passé, confirmée par l'examen détaillé des faits, commandée par l'appréciation sérieuse des circonstances et nécessitée par tous les éléments de sa cause ?

Mais, avant tout, et bien qu'un client ne soit pour nous qu'un homme, sans acception d'origine, de nationalité, de religion, que nos lecteurs apprennent qui nous sommes ! Ni partisan systématique, ni détracteur outré des Arabes, et, pour parler comme certains publicistes, ni *arabophile*, ni *arabophobe,* ni leur ami, ni leur ennemi. Pour nous, l'Arabe n'est ni un Civilisé, à qui il soit impossible de retomber dans les ténèbres de la Barbarie, ni un Barbare qu'il faille désespérer d'amener, dans un prochain avenir, aux splendeurs de la Civilisation. Placé sur les confins de la civilisation et de la barbarie, mélange informe et incomplet de l'une et de l'autre, son avenir

gît tout entier dans l'impulsion morale, plus encore que
matérielle, qui lui sera donnée par un bras étranger et
puissant, et cette impulsion, suivant qu'elle agira en
avant ou en arrière, fera de lui un triste produit de la
véritable barbarie, ou un digne fils de la véritable civilisation.

Absolument parlant, la civilisation est une, la barbarie,
multiple : non qu'il n'y ait également divers degrés dans
les deux, mais parce que la civilisation est la vérité, et la
barbarie, l'erreur — sociale. Or, cette vérité et cette
erreur, source de tout bien et de tout mal pour l'Humanité, n'a, à tout prendre, qu'une seule, mais infaillible
pierre de touche, qui permette de distinguer et de dis-
cerner l'une de l'autre, et c'est la Religion, la Religion
dans son sens le plus compréhensif, le plus pratique et
le plus *humanitaire*, en tant que lien rattachant les hommes entre eux et les unissant à Dieu, leur principe et
leur fin suprême, en tant qu'expression universelle et
sensible des droits et devoirs individuels et sociaux, intérieurs et extérieurs, privés et publics, garantis, sanc-
tionnés par une autorité souveraine, supérieure et anté-
rieure à toute autorité humaine, dont elle est la cause,
la raison et la règle première.

Cette doctrine, toujours ancienne, toujours nouvelle,
— comme la vérité qui est d'hier, d'aujourd'hui et de
demain, parce qu'elle est éternelle, — vient d'être démon-
trée parmi nous, le dirai-je? avec l'évidence d'un fait
immense, et l'éclat du pétrole dévastateur! Le règne de
la Commune, tel que l'entendaient les monstres à face
humaine qui l'avaient provoqué, organisé et dirigé,
n'était que le règne de l'athéisme sensuel et brutal, et
si Paris était tombé dans ce gouffre sans fond et sans

rives, c'en était fait peut-être, pour toujours, de la civilisation du peuple le plus civilisé du monde.

Or, l'Arabe, quoiqu'on dise, est un peuple religieux; il croit en Dieu, créateur et législateur de tous les êtres, de qui émane tout ce qui est bon, tout ce qui est beau, tout ce qui est vrai, de qui découle toute loi, de qui dépend toute morale; il croit à l'âme immortelle; il croit à la vie future, récompense de la vertu et châtiment du vice, et sa loi dont il ne cesse jamais d'avoir la formule sur les lèvres, bien qu'il n'en ait que rarement le sentiment dans le cœur, il en conserve l'idée dans l'esprit, et cette idée, à elle seule, fait de lui, non pas seulement une peuplade sans loi, sans mœurs, sans intérêts communs, mais un peuple, dans la vraie, sinon la rigoureuse signification de ce mot. Et c'est grâce à cette même idée, substance et aliment de toute pensée, de toute notion spiritualiste et suprasensible, que, malgré la distance, à bien des égards, infinie qui le sépare de la vérité intégrale, du Christianisme, il vit, se perpétue, dure à travers les siècles, doué qu'il est d'une sorte de vitalité immortelle et indélébile, quoique fragmentaire et mutilée.

Ne faisons donc pas fi de l'Arabe, et ne le reléguons pas dédaigneusement sur l'arrière-ban de la barbarie. — Ce qu'il a été, ce qu'il est, il le sera avec des vicissitudes diverses, tant que ne s'éteindra pas en lui l'étincelle religieuse.

Mais est-ce à dire que ce qu'il est de nos jours, il ne puisse jamais cesser de l'être, — inaccessible et impénétrable à toute action et à toute influence du dehors? Ce serait nier la prédominance de la vérité entière sur la vérité partielle, ou, plus simplement encore, de la vérité sur l'erreur, qui n'est, en général, qu'une partie de vérité,

— le progrès, le développement incessant de l'humanité, la loi de solidarité sociale, le but suprême toute civilisation, — et, au nom d'un septicisme fataliste, frère bâtard d'un matérialisme abject, condamner toute activité privée et collective à l'immobilité d'un stupide brahmine.

Pour ne parler que de la France, qui donc oserait douter de sa mission d'expansion et de propagande civilisatrice envers l'Algérie, et par l'Algérie, envers le peuple arabe, cette élite du monde islamique? N'est-elle venue arborer son drapeau victorieux sur le sommet de la Kasbah d'Alger, et promener sa glorieuse épée sur la terre algérienne, que pour en conquérir le sol, et, au mépris de son génie, de son histoire, de ses traditions et de ses tendances séculaires, se contenter, infidèle à elle-même, d'une conquête purement matérielle et physique? Non! je le jure par les mânes de Charlemagne, de saint Louis et de Napoléon, elle y est venue pour autre chose : pour la conquête pacifique, bienfaisante, civilisatrice des âmes, des esprits et des cœurs soumis par le sort des armes au sceptre de sa domination politique! Et, au besoin, je n'en voudrais d'autre preuve contemporaine que les hésitations, pour tous, trop certaines, — les retards, pour beaucoup, trop volontaires, les ménagements pour plus d'un, trop temporisateurs, disons-le, les procédés empreints d'une trop condescendante faiblesse, qui suspendent, indécis et tremblant, sur la tête de tant de chefs coupables d'ingratitude et de sédition à main armée, le glaive vengeur dont d'autres nations, moins patientes et moins clémentes que la France, les auraient depuis longtemps frappé, non à côté, mais en pleine poitrine!

Mais, de ce que le peuple arabe est un peuple religieux, et, comme tel, plus ou moins initié à notre civilisation, concluerons-nous qu'il possède toutes les qualités qui, dans des mesures diverses, distinguent les peuples pleinement civilisés? Raisonner ainsi, ce serait confondre la civilisation mosaïque et la civilisation chrétienne, son complément et son perfectionnement, avec la civilisation musulmane, emprunt désordonné de quelques fragments arbitrairement et capricieusement détachés de la masse majestueuse et divine du Pentateuque et de l'Évangile, pour répondre aux besoins de tribus nomades et idolâtres à qui il fallait, avant tout, inoculer, jusque dans la moelle des os, le dogme, non moins vrai que civilisateur, de l'unité de Dieu. Pour le reste, et l'Histoire, de même que le spectacle des musulmans de l'Algérie française depuis quarante ans, est là pour l'attester, — abandonné à lui-même, sans autel, sans sacerdoce, sans église, presque sans magistrature officielle, — l'Arabe, conduit dans le sentier de la vie domestique et sociale, d'une part, par des appétits grossiers et sans frein; de l'autre, par de vagues aspirations vers le bien, qui se résument dans la prière, formule routinière, plutôt qu'émission spontanée des hommages et des vœux de l'âme humaine en colloque avec Dieu, l'Arabe, d'affaissement en affaissement, de chute en chute, est descendu dans les bas-fonds de cette civilisation rachitique et mourante, qui ne satisfait que des instincts égoïstes et vulgaires, et qu'un pas, un seul pas, sépare de la barbarie proprement dite.

Ne soyons donc pas surpris que des hommes peu suspects de le dénigrer, et peut-être enclins à se faire ses panégyristes, qui l'ont vu d'assez près pour le connaître intimement et le juger sur place, « entre le ciel et la terre, » soient forcés de nous le représenter accroupi sur la terre, plutôt que s'élevant vers le ciel, — ne croyant

ni au bien ni au mal, n'étant accessible qu'à la crainte,
égoïste, sensuel, débauché, luxurieux, même contre nature, avare, voleur, pillard, menteur, « jusqu'à rendre
toute chose douteuse, même le devoir, » sans éducation,
sans doctrine, sans règle, sans autre frein que sa bourse
et son estomac, vindicatif, méchant, adultère, demi-bar-
bare, méprisant la femme, la réputant sans droit, peut-
être sans âme, corvéable et *battable* à merci ! Qu'attendre
d'un homme, d'une tribu, d'une nation qui n'a qu'un
germe de religion pour toute base sociale, que la notion
ontologique de Dieu pour toute théodicée, et, pour toute
morale, qu'un obscur et vague concept de la loi qui régit
l'homme vis-à-vis de l'homme et vis-à-vis de Dieu?

Mais n'exagérons pas ! Ces ombres du tableau de l'in-
dividu et de la société arabe ne sont ni sans lumières ni
sans éclaircies, et si, ce qui n'est pas hors de tout conteste à nos yeux, ce portrait n'est pas trop chargé, toujours est-il juste de dire qu'à côté de cet homme, bariolé
de quelques traits de civilisation, et tout au moins encore
à moitié barbare, l'Algérie nous montre à chaque pas, et
tous les jours, de nombreux Indigènes musulmans que
leur loi religieuse, mieux comprise et mieux pratiquée,
que leur contact journalier avec le plus pur élément de la
population européenne, qu'une certaine force d'esprit et
une certaine droiture de cœur, maintenue et agrandie par
les mille effluves de ce Christianisme dont la doctrine,
d'après notre grand penseur africain (1), est le témoignage naturel de l'âme humaine, élèvent jusqu'à notre
hauteur et rendent semblables à nous, — sorte d'*oasis*
vivantes, tout à la fois civilisées et civilisatrices, jetées çà

(1) Tertullien.

et là au sein d'un vaste désert, balayé, en tous sens, par les flots d'un sable mouvant et infécond, et parsemé, de loin en loin, de touffes solitaires d'arbustes épineux et stériles.

Quand la plume d'un écrivain ou la langue d'un défenseur algérien rencontre un de ces hommes, si surtout cet homme — un ancien caïd, fonctionnaire, fils de fonctionnaire, et comme scellé au drapeau de la France par des actions d'éclat et des gages non équivoques d'une fidélité éprouvée, — est en butte à des ennemis acharnés, poussés par des ressorts secrets, sortis en même temps des rangs indigènes et européens, — au moment même où, sollicité par des intérêts contraires, plusieurs de ses collègues ont lâchement et traîtreusement déserté cette autorité française qui, trop crédule et trop confiante, ne dédaigna pas de les tirer de leur poussière, pour les revêtir de fonctions publiques, — quelle belle aubaine pour ce défenseur ou cet écrivain, et qu'il serait coupable devant les hommes, — impie devant Dieu, — lâche devant l'Algérie et la France, — de ne pas employer tous ses efforts, de ne pas consacrer toute son intelligence à mettre ces hommes en relief, à placer leurs statues sur un piédestal élevé, pour les défendre contre leurs adversaires, et les proposer à l'admiration de leurs concitoyens, à l'émulation de leurs égaux, et à l'imitation de leurs subordonnés!

Or, un heureux hasard a placé sur nos pas un de ces hommes de qui nous sommes fier de raconter la vie et d'esquisser la défense pour l'instruction de quiconque, ne le connaissant pas, ou, qui, pis est, le connaissant mal, a osé l'attaquer ou applaudir ses agresseurs, — et cet homme, c'est ALI-BEN-LARBI, caïd d'Aïn-Beida, point le plus considérable, et *chef-lieu* de la tribu des Harractas, dont elle est destinée à devenir, avant peu, la cité-reine, après avoir été, parmi eux, le premier des établissements français.

1. — La tribu des Harractas, cantonnée et, pour ainsi dire, parquée par la volonté de l'homme, plutôt que par la main de la nature, dans l'immense plaine de ce nom, entre le Djebel-Sidi-R'gheis, au nord ; au sud, le Djebel-Tafrente ; à l'est, le Djebel-Ammama ; à l'ouest, la plaine de Cherra, est moins une tribu unique qu'une réunion de trente-deux petites tribus. L'une des plus populeuses, des plus vastes, des plus riches et des plus redoutées de l'Algérie orientale, elle compte environ cinquante-six mille âmes, et nourrit presqu'autant de chameaux et près de trente-cinq mille moutons sur une étendue de treize mille hectares. Berbère d'origine, à la fois berbère, arabe et nègre par alliance et croisement de sang, vous trouvez, tour à tour, chez elle, — représentés par des hommes habitant, vivant, et se mouvant côte à côte, — confondus ensemble par la communauté du sol, des coutumes, des mœurs et des intérêts, — la physionomie, le type et la couleur des trois races dont la juxtaposition originaire, suivie plus tard de leur mélange et de leur contact intime, par la voie lente et sûre d'une *spécification*, œuvre simultanée et successive de la nature et du temps, a composé cette

agglomération mixte, mais compacte, de populations har-
ractias, ainsi nommée de Harcat, l'un des descendants
du fameux Soleim, qui conquit cette fraction et plusieurs
autres fractions voisines du territoire africain.

II. — De là, l'unité de son langage, espèce d'agrégat
linguistique, communément dit *chaouïa*, formé de berbère, de berbère surtout, d'arabe, et probablement de
zénatia que parlent encore les Sahariens du Maroc et de
l'Algérie. — De là aussi, une certaine variété physique,
intellectuelle et morale, se résolvant en un caractère
composite, mais propre et distinctif de tout autre tribu
qui ne se trouve pas dans les mêmes conditions. De là
enfin, ce faisceau politique de volontés et d'efforts, sous
la tutelle d'un pouvoir un et respecté, électif et non héré-
ditaire, démocratique plutôt qu'aristocratique, lequel, par
son mode de création et ses procédés d'administration,
rappelle plus que la Djemâa des Arabes, — la Kliba ou
Confédération municipale des Kabyles, ces autochtones de
l'antique Numidie, — pouvoir suprême, illimité, n'ayant
d'autre garant, en bas, que le contrôle de ceux qui l'ont
proclamé, et d'autre souverain, en haut, que l'*Eurf*, loi
générale et traditionnelle, et le *Kanoun*, ou collection de
réglements particuliers et locaux.

III. — Aussi, aux yeux de tout esprit observateur, la
tribu des Harractas, si justement honorée du titre de
Grande Tribu, comme celles de ses voisins et alliés, les
Nemenchas et Hamachas, offre-t-elle un singulier et inté-
ressant spectacle, conséquence matérielle et palpable
d'un principe de pure ethnologie. L'Harcati n'est ni religieux, ni fataliste, ni inerte, ni paresseux, ni fourbe, ni

cruel, ni féodal, ni aristocratique comme l'Arabe, — ni
superstitieux, ni fier, ni actif, ni laborieux, ni sincère,
ni humain, ni indépendant et égalitaire comme le Kabyle,
— ni infatigable, ni bon, ni naïf, ni paisible, ni obéissant, ni docile comme le Nègre. Et cependant, à le voir
à l'œuvre, et si vous allez au fond de ses mœurs, vous
découvrez chez lui, — dans des proportions inégales où
se révèle chacun de ces trois éléments que le temps, ce
transformateur sans pareil de toute chose, a réduits à
un seul, résultante et reflet des trois autres, — l'élément
harcatien, synonyme de fierté, d'audace, d'indépendance,
— ayant constitué, pendant plusieurs siècles, et peu d'années encore avant la prise de Constantine par les Français, un État séparé, une République se gouvernant elle-
même, et dont presque toutes les tribus environnantes
étaient tributaires ou vassales. C'est à peine si, à la suite
de longues et frauduleuses machinations du Bey de Constantine, les Harractas, leurrés par le faux appât d'honneurs et des priviléges accordés aux tribus du Makhsen,
consentirent, vers le commencement du dix-huitième siècle, à courber un moment leurs têtes hautaines sous le
sabre des Osmanlis, et à laisser leur territoire, encore
vierge de toute domination du dehors, faire partie de
l'apanage territorial d'un membre de la famille du bey
régnant. Confinant, à certains égards, aux Nemenchas de
la Tunisie, éloignés d'environ trente lieues de Constantine, pouvant se suffire à elle-même, et, pour tout ce qui
est des subsistances, grâce à ses alliances, — j'allais dire
ses parentés, — avec toutes les tribus du voisinage, leur
tribu n'en jouit pas moins d'une indépendance effective de
droit, sous l'apparence d'une dépendance purement no-
minale, semblable à celle dont jouissent, en réalité, vis-

à-vis de leur suzerain du Maroc, ses prétendus vassaux du Tafilet et du Touat.

IV. — Quoi qu'il en soit, il est certain que, lors de la retraite qui suivit notre première expédition contre Constantine, retraite dans laquelle, entre Ras-el-Akba et Sidi-Tamtam, les Harractas se signalèrent, à la tête de nos ennemis, par un courage et une audace inouïs, ils obéissaient à un caïd El-Aoussi, qui n'était autre que le cheïkh Redjem-ben-Ali, des Ouled-Bouzid, remplacé par son oncle, El-Arbi-ben-Mohammed-Bouzid : — deux caïds harractas, fils de Harractas, et cheïkhs des cheïkhs harcatis, plutôt que caïd El-Aoussi ; mais ce dernier, ayant conservé, avec Hadj-Ahmed, alors bey de Constantine, des intelligences secrètes qui, à différentes occasions, se traduisirent en acte d'hostilité publique contre la France, ne contribua pas peu à amener sur le territoire harcatis, une première fois, les troupes du général Négrier, en 1838, et, à quelque temps de là, et à trois reprises différentes, celles du général Galbois.

V. — Les avantages du Makhsen, si, toutefois, on peut appeler de ce nom des prérogatives injustes, et le droit, éminemment anti-naturel et anti-patriotique, d'être désigné par l'Étranger qui vous a vaincu, et, avec vous, vos co-nationaux et vos frères, pour combattre ces derniers, dans le seul intérêt d'un commun vainqueur, ces avantages, dis-je, ne pouvaient compenser la perte de l'indépendance et de la liberté des Harractas. Pas plus que la vie et l'honneur, la liberté, ce bien des biens, ne se compense ! Revenus de leur surprise, et comprenant que, sous prétexte de les attacher, par un lien simplement adminis-

tratif et sous forme d'élection, au fils du bey, investi,
pour la circonstance, du titre, très-cher à leur cœur,
de *caïd El-Aouassi*, en d'autres termes, des descendants
d'Aïssa le plus vénéré de leurs ancêtres, contemporain et
chef de leur tribu naissante, ils avaient, du même coup,
abdiqué leur autonomie, leur individualité nationale, et
s'étaient soumis, sans le savoir, à la domination tyrannique des Turcs, ils ne laissèrent pas échapper une seule
occasion de se soustraire à l'autorité d'un caïd, moins
dépositaire qu'intermédiaire de la puissance souveraine
du bey, dont il était un des grands dignitaires, et près
de qui il résidait. Aussi, dans plus d'une circonstance,
dirigea-t-on contre eux, soit pour avoir raison de leur
esprit remuant et de leurs tentatives insurrectionnelles,
soit pour les contraindre à payer l'impôt, ce signe non
équivoque de sujétion, des expéditions militaires com-
mandées par les chefs les plus remarquables de l'armée
du bey.

VI. — Et ce qui semble prouver que, plus d'une fois,
les Harractas parvinrent, sinon à briser, du moins, à
secouer un joug d'autant plus intolérable, qu'il avait été
plus frauduleusement imposé, c'est que, pendant plus de
trois siècles que dura le règne des Turcs dans la Régence
d'Alger, ce n'est guère que, dans la seconde moitié de
cette période, par intermittence, à de longs intervalles, et
sans doute parce que leurs tribus avaient recouvré par
la force leur indépendance primitive, que l'Histoire parle
du caïd El-Aouassi. C'est qu'il est impossible de penser
qu'ils n'aient constamment, et avec des succès mêlés de
plus d'un revers, lutté, les armes à la main, contre la
maxime par excellence du gouvernement turc : « Gou-

verner un pays conquis par des chefs étrangers à ce pays, » et que, le plus souvent, victorieux des smalas envoyées contre eux par les Turcs, ils n'aient, plus ou moins, conservé jusqu'à l'entrée des Français à Constantine, leur glorieuse et noble indépendance.

VII. — Ce qui n'est pas moins certain et démontre, jusqu'à l'évidence, combien le Beylik redoutait la puissance des Harractas, et combien il avait à cœur de se l'assujetir ou, tout au moins, de s'en faire une alliée ou une auxiliaire, c'est que, quelques mois avant notre arrivée sous les murs de Constantine, Ahmed-Bey, qui, dans sa jeunesse, avait été lui-même caïd El-Aouassi, nomma son fils adoptif à ces fonctions. Et El-Hadj-Ahmed ne fut pas le seul bey qui, après avoir commandé en subordonné les Harractas, commanda en souverain toute la province de Constantine : l'un de ses prédécesseurs, Braham-Bey-el-Greiteli, avait commencé, lui aussi, sa carrière politique par le caïdat des Harractas : preuve irrécusable, sous quelques rapports qu'on la considère, de l'influence prépondérante de leur tribu comparée à toutes les autres du Beylik de Constantine, sans excepter les Nemenchas.

VIII.—Au général Galbois, l'honneur d'avoir seul réussi, après les avoir contraints, par la force des armes, de s'incliner devant nos aigles victorieuses, à dompter les fiers Harractas, jusque-là réputés indomptables. Mais les soumettre, ce n'était pas assez; il fallait encore les maintenir dans leur soumission, et, à une époque où la fortune de la France algérienne flottait encore incertaine sur le rocher de la vieille Cirtha, implanter le drapeau chrétien de l'autorité française au cœur d'un pays qui, à vrai dire, n'avait jamais ni reconnu ni respecté l'étendard musulman de l'autorité turque. Il mit donc à leur tête, pour les gouverner et les administrer à sa façon, sans autre contrôle ni garantie que sa responsabilité personnelle envers le Général de division, commandant la province de Constantine, qui ne pouvait ni contrôler les actes de l'administrateur, ni garantir les droits des administrés, — un homme nouveau, un étranger à leur tribu, *Ali-ben-Bahamed*, — comme simple caïd d'abord, et, plus tard, comme khalifa ou représentant du Beylik français. Formé, jeune encore, à l'école des Turcs, parmi lesquels il avait débuté dans la carrière militaire en qualité d'humble spahi ou cavalier d'El-Hadj-Ahmed, — après la chute de ce dernier des beys de Constantine, — en dépit de la bassesse de son extraction et de l'obscurité de son nom, et au grand déplaisir de ses coreligionnaires, Bahamed, — par ses preuves réitérées de dévouement envers la France et d'éclatants services rendus à notre cause, — s'attira et mérita si bien l'attention et la bienveillance de ses chefs, que, de grade en grade, de fonction en fonction, aidé d'ailleurs, dit-on, de hautes et occultes influences, il s'éleva jusqu'aux hauteurs d'un commandement militaire, vainement convoité par les plus anciens et les plus notables indigènes de Constantine, effaçant par ses attributions et son étendue, en quelque manière, illimitées, celui du Cheïkh des cheïkhs et du Caïd El-Aouassi ; — commandement, sans précédents peut-être, qui, d'un fils de ses œuvres, d'un parvenu de la veille, faisait un délégué plénipotentiaire, le dirai-je ? un commissaire « extraordinaire » et à pouvoirs sans bornes, une sorte de prince ou de bey du lendemain, à qui on confiait les rênes du gouvernement arbitraire, absolu, de la plus puissante tribu de la province de Constantine.

IX. — Mais ces rênes, comment les tint-il ? Pendant près de douze ans que, de Constantine même, et bientôt du Bordj qu'il s'était fait construire pour lui et sa famille, et qui devait être le berceau d'Aïn-Beida, comment put-il exercer son autorité d'une main ferme et vigoureuse sur une tribu aussi naturellement inquiète et turbulente que la tribu des Harractas ? C'est ce qu'expliquent suffisamment, d'une part, les qualités personnelles de Bahamed, — bravoure, intrépidité, audace, et, si c'en est une, ambition à outrance, désir incessant de faire sa fortune militaire et financière, à l'ombre de l'épée et avec les largesses du Trésor de la France, — d'autre part, la mise en pratique des us et coutumes du Gouvernement turc et de cette maxime politique, bien digne des Louis XI et des Machiavels de tous les temps et de tous les pays : « Diviser pour régner. » Du reste, quel que soit le mérite de cette explication, après une espèce de pachalik qui, de 1840, jusqu'à l'insurrection de 1852, ne fut troublé que par de rares et légers mouvements, Bahamed, plein d'années et d'honneurs, recueille aujourd'hui, à Constantine, la cité témoin de ses premiers actes de dévouement à la domination française, le fruit de ses travaux et de ses services, au milieu des loisirs paisibles et somptueux qu'avec trop de générosité, d'après les uns, mais pas assez de sagesse, d'après les autres, la France lui a faits.

X. — Le Khalifa (ainsi s'appelle aujourd'hui Ali-ben-Bahamed) a été accusé, — à tort ou à raison ? je ne sais, d'avoir, trop fidèle peut-être aux traditions du régime militaire des Osmanlis, exercé contre les Harractas de violentes et nombreuses exactions, — en cela, semblable, lui aussi, à

cette multitude de chefs indigènes pour qui, disons-le haute-
tement, la vérité nous l'ordonne, leurs administrés ne sont
autre chose que des proies faciles et des victimes fatales
de leurs caprices, de leur arbitraire et de leur intérêt.
Si, du moins, il était permis à ces infortunés de chercher,
autour d'eux, un refuge légal contre les abus de l'autorité et les excès de la force? Mais, d'un côté, ils sont
pour la plupart placés dans les inévitables étreintes de
la plus terrible alternative : obéir en silence, ou mourir
en protestant, — conserver sa vie en perdant sa bourse, ou
perdre, tout à la fois, la bourse et la vie ; — d'un autre
côté, ils sont souvent trop éloignés du siége de tout chef
supérieur à leur chef immédiat, pour pouvoir, sans des
difficultés équivalant à des impossibilités véritables, adres-
ser leurs griefs et demander justice contre les iniquités
de leur triade administrative : cadi, cheïkh, caïd. Toutefois, il se rencontrait de temps en temps, mais toujours à
de trop longs intervalles, un remède à leurs maux ; —
quand leurs souffrances étaient montées à leur comble et
excédaient toute mesure, quand, au lieu de n'atteindre
que quelques membres d'une tribu, elles en frappaient
tous les membres, — s'il survenait une occasion de secouer
le joug de l'oppression, de la servitude et de l'injustice ;
si, par exemple, les gens d'une tribu voisine s'agitaient,
s'insurgeaient avec d'autres tribus, quel que fût d'ailleurs
le but de leur insurrection, — alors, convaincus que l'u-
nion fait la force, et que la force contre la force, c'est
le Droit, vous les voyiez tout à coup, encore ensanglantés
et meurtris par le bâton du cadi, le sabre du cheïkh ou
le cimeterre du caïd, se grouper, avec la rapidité de l'é-
clair, autour de l'un des leurs, et, faisant arme de tout,
comme s'il s'agissait de la guerre sainte d'un musulman

contre un chrétien, courir, pleins d'enthousiasme et ne respirant que vengeance, à une mort presque toujours certaine, pour conquérir la triple Toison d'or de tout homme digne de ce nom : l'indépendance, la liberté, la justice!

XI. — Là est la clé du soulèvement des Harractas en 1852, soulèvement général, inattendu, succédant soudain à plus de dix ans consécutifs, à peu près continus, de tranquillité et de paix, et menaçant d'emporter, avec l'autorité de Bahamed, l'autorité de la France elle-même sur la tribu des Harractas. Bahamed, dans l'intérêt de notre domination et sans doute aussi de la sienne, avait cru sage et utile de s'adjoindre, comme auxiliaires, ses khalifats à lui, deux chefs secondaires, pris dans chacune des deux principales fractions de leur tribu, les Harractas proprement dits et les Sellaouas, et de nommer et révoquer un grand nombre de petits cheïkhs, autant de despotes, disait-on, qui dévoraient leurs subordonnés sans pitié, et qu'à la veille seulement du soulèvement harcatien, on avait obtenu de faire remplacer d'urgence par sept cheïkhs préposés au commandement des sept grandes fractions de la tribu. Vers la même époque, la Kabylie, partie du Tell et les frontières du Sahara algérien étaient sillonnées en tous sens par des agitateurs, marabouts vrais ou fictifs, qui, le Koran à la main, allaient jusque dans la plus nouvelle des bourgades ou le plus humble des douars, soufflant partout le feu sacré de la guerre sainte ou *Djehal* contre les *Roumis*, annonçant à ces peuplades isolées, crédules, fanatiques, ennemies éternelles de tout pouvoir étranger et chrétien, la prochaine venue du *Moul-Sâa, du Maître de l'heure*, — et de leurs prédications et de leurs prophéties, comme du cheval mystérieux de la Fable, sortaient des essaims d'hommes de tout âge, de toute condition, de toute tribu, habitants de la plaine, habitants des hauts plateaux, habitants des montagnes ; — vaste conjuration et innombrable armée destinée à nous jeter, nous, conquérants civilisateurs, — comme de vils chiens de mécréans et d'infidèles, — dans les flots courroucés de la Méditerranée. Ajoutez les excitations, les manœuvres intestines d'El-Hadj-Aïssa, de la fraction des Ouled-Saïd, homme de guerre, doué d'une rare énergie, riche, influent, chef d'une nombreuse famille, l'un des cheïkhs révoqués par Bahamed, et décidé à ne rien épargner pour se venger de celui-ci en même temps que du pouvoir qui l'avait créé khalifa des Harractas.

XII. — Or, ce soulèvement se termina par un échec complet sur les lieux même où, un instant, il sembla couronné d'un éclatant triomphe. Cette péripétie, si heureuse pour la France, décida peut-être de son avenir dans l'Est de l'Algérie. Mécontents, fatigués, d'une Administration nouvelle, si peu en harmonie avec leur vieille et traditionnelle administration et, à leur avis, désormais intolérable, — sous le vain prétexte de ne prendre les armes que contre la personne de Bahamed et de ses enfants, et non contre la domination française, — ils assiégèrent avec des forces considérables, provenant en grande partie du *Soff* des Médakrias, — l'âme et le promoteur du mouvement, — les deux bordjs que nous avions faits ou laissé construire sur le point le plus éminent de la ville actuelle d'Aïn-Beida. C'est entre ces bordjs, séparés l'un de l'autre par un espace de tout au plus de cent mètres, qu'après quelques hésitations et par un revirement subit, dû au libre arbitre de l'homme et non au hasard des circonstances, la victoire finit par opter pour notre drapeau. Déjà le Khalifa et ses enfants étaient bloqués dans l'un des bordjs ; déjà la faible garnison qui défendait l'autre bordj était hors d'état d'accourir à son secours ; déjà, enflés de leur succès, les assiégeants ne nous demandaient pas moins, comme conditions de paix, que deux choses que nous n'avions pas le droit de leur accorder, mais l'impérieux devoir de leur refuser : l'abandon, entre leurs mains de Bahamed et de sa famille, — la pleine jouissance de leur territoire. La situation était des plus critiques. Que pouvaient Bahamed et son goum contre des ennemis, aussi formidables par le nombre que par la valeur ? A coup sûr, ses efforts étaient condamnés à une fatale impuissance, et très-probablement nous étions exposés à une honteuse humiliation et à une irréparable défaite, sans l'intervention inespérée, sans la subite apparition, au plus fort de la mêlée, au plus vif de la lutte et entre le défilé formé par les deux bordjs, de l'Homme de la Providence, du chef du *Soff* des Ouled-Bouzid. Adversaire terrible et rival redoutable du soff des Medagrias, — dans ce péril suprême, n'écoutant que son courage et ses sympathies pour la France, il vint, rapide comme l'intincelle électrique et à la tête de son goum, camper entre nos bordjs, et, pendant plusieurs heures, jusqu'à ce qu'il les eut dissipés et mis en fuite, il résista, avec une intrépidité héroïque, aux furieuses attaques des insurgés, sauva ainsi le khalifa et les siens, et permit à l'énergique commandant supérieur de la place, Bonvalet, de tenir tête à l'ennemi, — aux colonnes de Batna et de Constantine, de dégager la garnison, de débloquer les bordjs et de mettre fin au soulèvement.

XI. — Cet homme, ce dieu, *deus ex animo,* cause essentielle, sinon cause unique de notre succès, c'était ce chef arabe dont la glorieuse poitrine était, plusieurs années après, décorée par une main impériale, cette fois, véritable main de la France personnifiée et incarnée en lui, de l'insigne, si justement mérité, — de la bravoure et de l'honneur, — de la bravoure, que nul ne lui conteste, pas même ses plus implacables détracteurs, — de l'honneur, qu'en vain certains reptiles, gonflés de haine, ont tenté de salir de leur bave et d'empoisonner de leur venin, — cet homme, aujourd'hui comme alors, plus que serviteur, plus qu'agent dévoué, — ami, et ami jusqu'au sang, de la France, — cet homme, c'est ALI-BEL-LARBI Ben-el-Hadj-Mohammed-ben-Bouzid. Maintenant que nous en avons le cadre, dessinons, il en est temps, le portrait de notre caïd.

XII. — Sa famille compte parmi les plus anciennes de la tribu des Harractas. En remontant à plus d'un siècle, on trouve parmi ses ancêtres des cheïkhs qui, sous la suzeraineté des Turcs, jouissaient d'une autorité, pour ainsi dire, souveraine. Son père était cheïkh. Quoique bien jeune encore, à la mort de son père (il n'avait pas seize ans révolus), il n'en méritait pas moins, cinq ans plus tard, à l'âge de vingt-un ans, d'être promu aux fonctions de cheïkh des Ouled-Amara, avec droit de cachet officiel *(teba).* Deux ans après, il rentrait volontairement dans la vie privée, pour n'en sortir qu'en 1852. Et si grande était l'influence de sa famille et la sienne, si vénéré le nom de son grand-père et de son père, que, quoique redevenu simple particulier, il continuait à jouir de la considération d'un homme public, et conservait,

dans son intégralité, l'autorité morale qui, de consente-
ment unanime de ses pairs, l'avait établi, ou mieux, ac-
clamé chef du soff des Ouled-Bouzid. Du reste, il fallait
bien qu'il en fût ainsi, pour qu'à peine âgé de trente-un
ans, il pût réunir autour de lui, sans aucun autre titre,
un goum de quatre-vingts cavaliers, capable de résister
si glorieusement et avec un succès inouï, à l'attaque des
bordjs en 1852. A la suite de cette affaire, et pour
prix de sa belliqueuse conduite, il fut nommé caïd des
Ouled-Khanfar, pour devenir ensuite, ce qu'il est aujour-
d'hui, caïd des Harractas. Quatre ans après, grâce à
son active vigilance, il opérait l'arrestation de Kabyles
du Ferdjoua, venus de Tunisie avec quatre mulets chargés de poudre de contrebande, et les déférait à la justice
militaire. Vers cette même époque, en présence d'une
brillante assemblée d'officiers français et de chefs indigènes, à Constantine, dans le palais de la division, il recevait la croix d'honneur de la main du chef de l'État, et
de celle du commandant de la province de Constantine,
une tasse d'argent commémorative de l'arrestation des
contrebandiers kabyles. Mais déjà l'envie et la jalousie, ces
deux basses passions, toujours armées contre le vrai mérite, commençaient à s'agiter, ostensiblement et dans
l'ombre, contre notre caïd; c'est ainsi qu'en 1855, onze
Harcatis, avant-coureurs, ce semble, des affreuses calomnies dont nous parlerons bientôt, ne craignirent pas
de lancer à sa face, devant la plus haute administration
de la province, une plainte en violation de propriété et en
usurpation de terrain, qui n'eut, il est vrai, d'autre résultat, que d'en envoyer les auteurs, au pénitencier d'Aïn-
Bey, méditer, pendant quelques mois, sur le sort réservé
à certaines machinations. Parmi eux, il est bon de le

constater dès à présent, figurait, comme instigateur principal de cette accusation, un homme dont le nom reviendra, bien des fois, dans le cours de ce travail, Ahmed-bel-Hadj-Ali-Djebari, surnommé Haouar, c'est-à-dire le *Borgne*.

XIII. — Mais ces manœuvres, ces tracasseries, ces persécutions, ne le firent dévier en rien de la voie qu'il s'était tracée. Planant au-dessus d'elles, et toujours animé des mêmes sentiments envers nous, Ali-bel-Larbi, peu soucieux des faits et gestes de ses ennemis, à lui, ne s'occupait guère que des ennemis de la France, et semblait guetter l'occasion de nous donner de nouveaux témoignages de son attachement sans limites. Dans les premiers jours de cette trop mémorable année, au moment où la France, épuisée par de sanglantes défaites, et Paris, par les tortures de la faim, étaient forcés de demander et de conclure, Dieu sait dans quelles conditions, une paix désastreuse avec le Prussien victorieux, surgissait tout à coup du milieu de la plaine de la Medjana, du bordj du bach-agha Mokrani, une insurrection aux ramifications infinies, éclatant, presque en même temps, en Kabylie, près des frontières de la Tunisie, à Bordj-bou-Arreridj et à Souk-Ahras, à Tebessa et à Takitount. Rien n'obligeait Bel-Larbi de quitter son kaïdat, d'autant mieux que, d'un moment à l'autre, l'incendie, qui avait pénétré tout autour du district des Harractas, pouvait s'étendre jusqu'à Aïn-Beïda. Mais la poudre avait parlé entre la colonne du général Pouget et la Smala révoltée des spahis de Souk-Ahras, grossie de nombre d'indigènes du voisinage. Il veut, lui aussi, la faire parler à son tour, et, muni de deux cents cavaliers et du goum de son cousin Si-Bouziat-ben-Salah, caïd des Aïn-Sezera, il va, au pas de course, rejoindre la colonne expéditionnaire entre Souk-Ahras et Tebessa! Arrivé au caravansérail de la Meskiana, à moitié chemin, entre Tebessa et Aïn-Beïda, il tue soixante insurgés, emmène seize prisonniers, et, au dire d'un témoin oculaire, pleinement digne de foi, après avoir eu son cheval blessé sous lui et fait des prodiges de valeur, il a l'insigne honneur d'enlever deux drapeaux à l'ennemi et de s'emparer de la tente du cherif Mohammed-ben-Maheddin, chef des insurgés.

XIV. — Ce n'était pas, d'ailleurs, la seule fois que Larbi devait se mesurer avec ces derniers. A peine éteint sur ce point, le feu de l'insurrection se rallumait sur d'autres, au souffle du premier agitateur venu, agissant, soit de son initiative privée, soit comme émissaire du chef de l'insurrection. Il y a quelques mois, vers la fin du mois de mai dernier, un prétendu cherif, se disant fils ou petit-fils d'Abd-el-Kader, et s'imaginant qu'il était écrit que Tébessa, défendu seulement par une poignée de colons et de soldats, allait tomber sous sa puissance, osa, à quelques lieues de cette antique cité romaine, près du village inaccessible de *Yakous*, offrir de combattre, pour ainsi dire, en bataille rangée, la colonne Pouget, renforcée du goum du Bureau arabe d'Aïn-Beida, que commandait son Chef, le brave capitaine Raffin, et du goum d'Ali-bel-Larbi, commandé par celui-ci et par le caïd Bou-Diaf. Dans cette occasion encore, Ali-bel-Larbi se montra digne de ses ancêtres et digne de la France ; car, pour me servir d'un mot que je dois à un officier français, son compagnon d'armes, « il se battit comme un lion. » Citons encore, pour en finir avec les preuves sans nombre de dévouement et de courage que, depuis vingt ans et plus, il n'a cessé de prodiguer à la France : le ralliement à notre cause, lors de l'insurrection de Souk-Ahras, des Màatla, prêts à l'abandonner sans le concours décisif de notre caïd ; — et, pendant l'insurrection de Tébessa, le maintien dans le devoir, d'où ils menaçaient de s'écarter, pour faire cause commune avec le soi-disant cherif des Brarchas et des Ouled-Rechech.

XV. — Aujourd'hui, Ali-bel-Arbi a quarante-trois ans. D'une taille avantageuse, d'une démarche grave, distinguée et, dirais-je volontiers, majestueuse, il a, dans ses allures, dans son regard, dans ses traits, à la fois, doux et sévères, exprimant, tour à tour, la bonté de l'homme et la dignité du chef, et, dans la mâle beauté de son visage, rehaussée par la cicatrice glorieuse d'une blessure à la lèvre inférieure, il a quelque chose qui révèle, en lui, l'homme de race, l'homme de grande tente, le descendant d'une famille ancienne et respectée et, à cette heure, comme de temps immémorial, espèce de pépinière de fonctionnaires de tous les ordres et de tous les degrés : de caïds, de cheïkhs, de bachadels. Son teint, plutôt blond que brun, sa main blanche et aristocratique, un je ne sais quoi qui sent, en même temps, la montagne et la plaine, le Tell et le Ziban, pour ne pas dire la lisière du Sahara, tout annonce, chez Ali-bel-Larbi, l'Harcati pur sang et de haute lignée. Mais ce qui, pour lui et pour nous, Français, vaut mieux que ces avantages physiques, c'est sa rare intelligence, son imperturbable sang-froid dans le danger, son admirable courage en face de l'ennemi, la sincérité de ses sympathies, la fidélité de son amitié, l'héroïsme de son dévouement pour la cause française, et, enfin, cet ensemble de qualités et de vertus morales,

cent fois vouées aux intérêts de la France, qui, sous le vê-
tement, la langue et les mœurs de l'indigène, cachent,
mais pour le montrer au jour du sacrifice et du péril, un
vrai Français de cœur, d'âme et d'action.

XVI. — Tel est l'homme que nous allons voir aux prises
avec tout ce que la haine peut inventer de plus faux, de
plus perfide et de plus diffamatoire, et qui, en attendant
que la nation qu'il a si généreusement et si constamment servie de son bras et de son influence, en fasse
régulièrement et solennellement justice devant la loi, en
est momentanément réduit à plaider sa cause devant l'opinion publique! D'où lui vient tant d'inimitié? Pourquoi
cette conjuration? Comment expliquer ce vaste complot,
qui en veut et à ses biens et à sa personne, et à sa considération et à son honneur, et aux actes du caïd et
à la tête de l'homme? Demandez aux individus! ils ne
sauraient vous le dire! — aux masses réunies de tous les
les Harractas! ils ne le sauront pas davantage! Mais
interrogez certains hommes ou certains groupes du soff
des Medagrias, de ce soff, ennemi du soff des Ouled-Bouzid! Interrogez surtout l'homme le plus remuant du premier de ces soffs, comme Ali-bel-Larbi est le plus influent
du second, et vous apprendrez que cette inimitié, cette
haine, ces calomnies, prennent leur source dans la nature trop française de ce chef, — depuis le moment où,
se déclarant au grand jour et sans réserves, l'ami de la
France, il eut l'honneur de voir sa franche et courageuse
conduite flétrie du nom de *défection* par nos ennemis
les plus acharnés! Tant il est difficile à un vaincu de se
faire pardonner par ceux qui ont été vaincus comme lui,
ses agissements au profit du vainqueur, si légitimes,

soient-ils ! Tant est délicat et périlleux, quel que soit son caractère éminemment juste et civilisateur, le rôle public de l'homme qu'une conquête récente et civilisatrice, qui a affranchi son pays du joug d'une ancienne et barbare conquête, a converti à la cause de la civilisation, de la justice et du droit !

XVII. — Parlons, en quelques mots, des *soffs* : sans eux, impossible de bien comprendre une partie de ce qui précède et de ce qui va suivre. Le *soff*, ou ligue, est l'alliance solidaire, *fœdus* des Romains, d'un groupe d'hommes, d'une fraction de tribu, ou de plusieurs de tribus, réunis originairement sous la main des chefs les plus influents, pour échapper à l'oppression de puissants et tyranniques voisins, et ensuite, soit pour exercer des représailles, soit pour sauvegarder les droits et les prérogatives, *fueros* des Espagnols, leur exclusif apanage. Le *soff*, non tel qu'il est ordinairement dans les montagnes de la Kabylie, d'où il est, avec le temps, descendu parmi les tribus de la plaine qui y prirent naissance, mais, tel que nous le voyons établi dans les régions de l'Algérie, de race kabyle, est un parti politique, aussi bien qu'une fédération militaire, tantôt offensive, tantôt défensive, une association d'intérêts généraux de toutes sortes, qui rappelle, chez les Anciens, les ligues achéenne et étolienne, et, chez les modernes, la ligue d'Augsbourg et de Smalkade. Or, arabe ou kabyle, le *soff* des indigènes algériens n'existe pas seulement de tribu à tribu. Il est telle tribu, et celle des Harractas est du nombre, qui en compte plusieurs dans son sein. Alors, sous plus d'un rapport, il ressemble aux partis municipaux ou qualifiés de ce nom, qui divisent certains villages de France, presque toujours, au séul profit de quelques ambitieux, les plus influents de tous par leur intelligence, leur richesse ou leurs intrigues, et, justement nommés chefs de ces partis, de même que nos tribus appellent *têtes de soff,* les principales individualités qui en mènent et agitent les membres subalternes, trop souvent dans l'unique intérêt de leurs égoïstes et personnelles visées.

XVIII. — Pour ne pas remonter trop haut dans les annales des Harractas; — lors de l'installation du khalifa Bahamed dans leur tribu, — étaient en présence, mus par des intérêts contraires, et dans une attitude d'hostilité imminente, deux partis, deux *soffs* rivaux, aspirant, l'un et l'autre, à l'absorption prépondérante et, peut-être, complète, de toutes les forces et de toutes les influences : ici le *soff* des Ouled-Bouzid, numériquement le plus puissant, puisqu'il embrasse six groupes et quarante-cinq petites fractions, non comprises sept ou huit tribus des fractions de tribus étrangères qui s'y rattachent; là, le soff des Medagrias, composé de six grandes fractions aussi, mais seulement de douze petites, ne se rattachant pas même au dehors à trois tribus entières. Or, le soff des Medagrias fut, de tout temps, hostile à l'occupation française : il fut le plus habile instigateur et le plus efficace instrument de la révolte de 1852, et, ce qui dut nécessairement redoubler sa haine contre le Beylik successeur du Beylik turc, c'est incontestablement le passage soudain du soff des Ouled-Bouzid, — et alors que nul ne pouvait ni ne devait s'y attendre, — du camp arabe dans le camp français; ce qui amena l'échec de coup de main d'Aïn-Beida. A cette époque, les Harractas réunis avaient, presque en même temps, obtenu le remplace-

ment des principaux cheïchs que Bahamed avait nommés,
par sept cheïchs, un pour chaque grande fraction de
la tribu, et bientôt après, sur leurs plaintes et réclamations incessantes, l'éloignement définitif et la démission
de fait du Khalifa, que suivit sans retard la division des
Harractas en six caïdats et en cinquante-sept cheïkats.

XIX. — Cette nouvelle organisation, essentiellement
politique, n'étouffa pas l'esprit d'antagonisme qui régnait
parmi les soffs de la tribu. Sept caïdats et cinquante-sept
cheïkats! Quel appât présenté à l'ambition, à la brigue,
aux plus ou moins louables menées des *chasseurs* de
fonctions publiques, — peut-être, et ce n'est certes pas peu
dire, peut-être, plus nombreux, à tout prendre, parmi
les Arabes que parmi nous! Quelle abondante curée
pour la meute, plus nombreuse encore, des mille petits
employés ou auxiliaires, *limiers* des cheïkhs et des caïds!
Et de quel débordement de mécontentements, de rancunes, de récriminations, de haine et de vengeance, devait
être assaillie, investie, inondée, la partie des Medagrias
qui réputait Larbi traître et défectionnaire, — le jour où
le Beylik français le gratifia, lui, la *tête* des Ouled-Bouzid,
du titre de caïd de la plus importante fraction des Harractas! Faut-il s'étonner si, à dater de ce jour, tous
moyens furent bons sous la main du soff adverse, — manœuvres secrètes, machinations publiques, accusations
aussi absurdes qu'odieuses, aussi graves qu'invraisem-
blables, — pour harceler, ébranler, *démolir,* l'homme
comblé des faveurs d'un pouvoir abhorré! Pour moi, je
ne vois là que les conséquences naturelles d'un détesta-
ble principe, appliqué par la logique du mal, et je ne suis
nullement surpris que, pour arriver à sa plus complète

application, plaintes civiles, plaintes administratives, plaintes criminelles, vagues rumeurs, soupçons injurieux, accusations formulées dans des actes et des feuilles publics, tout et sous toutes les formes, tout ait été mis en œuvre contre l'homme et le fonctionnaire. Quoi de plus logique, de plus actif et, trop souvent, de plus invincible, hélas! que la marche oblique du mal, caché sous les couleurs trompeuses du bien, et surtout du bien public? O Vertu! pourquoi les bons, ceux qui disent t'aimer, ne te prouvent-ils pas leur amour, en consacrant à ton triomphe et à ton règne sur ceux qui n'aiment que le Vice, une faible partie de l'énergie et de la logique que les méchants déploient au service du mal! Ils n'auraient qu'à vouloir, à agir, et temples, autels, prêtres, adeptes du vice, tomberaient en poussière! Mais reprenons le récit des faits généraux; les réflexions morales s'offriront d'elles-mêmes à l'esprit du lecteur.

XX. — Il est notoire que le soff des Medagrias fournit ses principaux chefs à l'insurrection de 1852, et que si d'autres insurrections surgissaient encore du milieu des Harractas, c'est à ce soff, tout d'abord, et non au soff des Ouled-Bouzid, qu'il faudrait en demander raison. Depuis notre occupation de leur tribu, nul mouvement, nul soulèvement, nul désordre qui n'ait eu les Medagrias pour instigateurs, pour auteurs, ou, tout au moins, pour complices. — Les Ouled-Bouzid, au contraire, ralliés les premiers à notre domination, nous sont restés constamment et inébranlablement fidèles, ne troublant jamais, ne tentant pas même de troubler un seul instant la tranquillité publique. Et, chose remarquable! mais, suivant nous, pas assez remarquée, — jusqu'à ce jour, après cinq mois

d'insurrection générale, aucune autre tribu ni fraction de
tribu de la province de Constantine, située à trente
lieues de cette ville, n'a joui, à l'instar de la tribu des
Harractas, de la même tranquillité qu'avant l'insurrection, bien qu'étant donné l'état des tribus voisines, rien
ne permît de l'espérer. En effet, renfermée, pour ainsi
dire, dans un triangle de feu formé par les territoires
limitrophes de Souk-Ahras, Tébessa et Batna, comment
cette tribu privilégiée a-t-elle, comme providentiellement,
échappé à l'incendie insurrectionnel? Grâce sans doute
à l'intelligence administrative de son vigilant commandant supérieur, le capitaine Marty, mais grâce aussi et
surtout, qui donc oserait en douter, à la toute-puis-
sante influence d'Ali-bel-Larbi. Ces deux fonctionnaires,
unissant leurs efforts dans un intérêt commun, l'intérêt
de la France, ont eu le difficile mérite d'établir, entre
les Harractas et les indigènes circonvoisins, un cordon
de salut qui a préservé les uns de tout contact avec les
autres.

XXI. — Ce n'est pas cependant que, sur les limites
comme dans l'intérieur de la tribu, manquât la matière
inflammable. On verra plus bas qu'à certains moments,
et, au dire de plusieurs, aujourd'hui encore peut-être,
elle existait si bien qu'on aurait pu affirmer, sans crainte,
qu'elle était *enflammée*. Si nos informations sont exac-
tes, et volontiers nous le croirions, il y a tout au fond
du soff des Medagrias un levain occulte et permanent
de dispositions insurrectionnelles, qui ne demanderait
qu'une occasion favorable pour se produire au dehors,
et se traduire en actes; et, au besoin, il ne serait pas
absolument impossible de nommer les membres de ce

soff qui, par leurs paroles insidieuses et leurs sourdes
menées, couvent, fomentent ce levain. Quoi qu'il en soit,
qu'il nous suffise d'affirmer, ce qui ne sera dénié par
personne, que, sous la main ferme et amie de Bel-Larbi,
de ce Chef du soff des Ouled-Bouzid quatre fois plus nombreux que le soff opposé, il est probable, d'après nous, et
certain, d'après les hommes les mieux placés pour juger
des dispositions des Harractas, que la tribu de ce nom,
entraînée, soit par les instigateurs des Medagria, soit par
les conspirateurs du dehors, soit, enfin, par les velléités
du dedans, eût été envahie, ébranlée, et se fût insurgée
comme les tribus limitrophes. Et si on veut apprécier, à
sa juste valeur, la portée des services rendus à notre province par le caïd Larbi dans ces tristes circonstances,
qu'on sache que, de la veille au lendemain, à son gré, d'un
mot, d'un seul geste, comme d'un seul coup de baguette
magique, il ne tiendrait qu'à lui; au double titre de chef
de caïdat et de soff, de lever, d'armer, et de mener contre les ennemis intérieurs ou extérieurs de la France,
dût-il traverser les mers, environ neuf mille cavaliers
ou fantassins, parfaitement montés, équipés, et obéissant
à sa voix comme à la voix de Dieu!

XXII. — Et voilà pourtant l'homme contre qui, depuis
1854, au cœur d'une grande tribu, on conspire, tantôt
dans les ténèbres, tantôt en plein soleil, ne tendant à rien
moins qu'à le stigmatiser, aux yeux de leurs coreligionnaires et de l'autorité française, de trois accusations infâ-
mes : prévarications, vol et assassinat! Hâtons-nous d'esquisser brièvement la physionomie physique et morale du
chef de cette conspiration, assez confiant dans son étoile,
— pour, de concert, avec une misérable tourbe de gens,

la plupart sans naissance, sans nom, presque sans
richesse, sans considération, sans influence, mais forts
de l'influence et de la considération de quelques Européens, ne manquant ni l'une ni l'autre, et toujours faciles
à se laisser *piper* par les trompeuses protestations des
indigènes, — avoir audacieusement provoqué contre Larbi,
une lutte à outrance, une lutte à mort, qui, sous le régime
osmanli, se fût probablement vidée en champ clos par le
yatagan de la violence, au lieu de se dénouer, sous le
régime français, devant le tribunal de l'opinion ou dans
le prétoire de la justice, par le glaive du droit! — Ce
Catilina de bas étage, qui, singeant les procédés de Catilina le sénateur contre le patriote Cicéron, a fait d'Ali-
bel-Larbi l'objectif de ses attaques les plus habiles et
la cible de ses traits les plus acérés, résolu qu'il est,
lui et ses séïdes, à renverser et à réduire en poudre
cet irréconciliable ennemi, cet obstacle, jusqu'à présent
insurmontable, aux succès de son insatiable ambition et
au triomphe de sa haine implacable, — nous en avons déjà
parlé, — c'est Ahmed-el-Hadj-el-*Djebari,* dit *El-Haouar* ou
le *Borgne.* Chez lui, au physique comme au moral, l'A-
rabe et le Chaouïa l'emportent sur le Kabyle pur sang.
A l'ovale de sa tête, au bronze de son visage, à sa taille
épaisse et sans élégance comme sans distinction, à sa
démarche incertaine et embarrassée, à son pas lourd et
empesé, enfin à la forte et corpulente complexion d'un
fellah au tempérament lymphatique, et, malgré son âge
peu avancé encore (quarante ans tout au plus), incli-
nant vers l'obésité, vous reconnaissez, de prime-abord,
un mélange d'Arabe du Tell avec l'Arabe du Sahara.

XXIII.—Vrai type de l'indigène vulgaire, n'ayant rien,

ou presque rien, ni de la gravité du chef arabe de la
plaine, ni de la fierté du Kabyle des montagnes, — un
de ces commerçants, si on veut, que leur présence sur les
marchés et dans les villes, la surveillance et la gestion de
leurs intérêts pécuniaires, ont mis forcément en contact
d'affaires et de langage avec l'Européen, — un de ces
êtres hybrides, espèce de *mezzi-termini* entre la barbarie
et la civilisation, qui, de la fréquence de ce contact
matériel et routinier, ne tirent d'ordinaire, pour tout
profit, qu'un certain replâtrage, avec une couche super-
ficielle de civilisation apparente, du tuff profond d'une
réelle barbarie, — il a su, à merveille, se placer et se mouvoir dans le milieu arabe et européen le mieux fait pour
favoriser ses projets d'ambition et de vengeance, et, gre-
nouille chétive, convoitant la grosseur du bœuf, se pous-
ser à grands pas vers sa double visée : de rien, devenir administrativement quelque chose, et contraindre Ali-
bel-Larbi, qui, d'après lui, est tout, à n'être désormais
plus rien. Doué d'un esprit de suite et de persévérance
à toute épreuve, capable de braver tous les obstacles et de
vaincre toutes les difficultés, aujourd'hui par la dissi-
mulation, demain par la ruse, après-demain par un jet
continu de manœuvres qui lui font tout tenter et tout
faire, même le bien, pour le triomphe de ses rancunes,
la satisfaction de ses haines et l'assouvissement de ses
vengeances, c'est lui, si on s'en tient à l'appréciation de
son caractère par plus d'un Harracta paraissant le connaître à fond, qui, à dater de l'occupation par les Ouled-
Khanfar de la plaine de Raz-Dallah, et du partage des
terres de la rive gauche de l'Oued-Allah, entre les Ouled-
Bouzid, l'ayant pour chef Bel-Larbi et les Djeberah, ayant
pour chef lui-même, c'est lui qui, à force d'intrigues et

au moyen de récriminations, de réclamations et de plaintes sans nombre, aurait juré de détrôner Bel-Larbi pour régner et gouverner à sa place.

XXIV. — Mais, en dehors des faits, — base du procès engagé entre le caïd et le *Borgne,* et vers la discussion desquels nous nous hâtons, et non sans cause, lentement, — ces allégations et appréciations, assez vraisemblables en soi, sont-elles rigoureusement vraies ? Faute d'informations précises, on ne peut, sans une inexcusable témérité, l'affirmer, à moins que les faits qui leur servent de fondement, et que nous rapporterons sur-le-champ et sans commentaire, ne nécessitent une pareille affirmation. Voici donc ce qui est, dit-on, de notoriété publique et pourrait être, confirmé par des documents officiels et des preuves irrécusables. Immédiatement après le partage des terres de l'Oued-Allah, partage que, d'accord avec les Ouled-Khanfar, El-Haouar prétendait ne pas lui avoir assez attribué, celui-ci n'eut ni trêve ni repos qu'il ne se fût soustrait à l'autorité d'Ali-bel-Larbi, coupable à ses *yeux* d'avoir gardé le lot qui lui était échu, et d'avoir fidèlement transmis à qui de droit les griefs sans motifs et les criailleries sans fin du *Borgne* récalcitrant. Alors, moins par dépit irréfléchi que pour se ménager une éclatante revanche, il se lance, à corps perdu, dans le commerce, pour gagner de l'argent, sans doute, mais aussi sa liberté d'allures et d'actions, éloigné d'un caïd qu'il déteste et qui ne l'aime pas. Une fois en relations d'affaires avec des Israélites et des Européens qui l'initient peu à peu à nos idées et à nos manières, lui, borgne de corps, mais, par une sorte de surabondante compensation de la nature, largement *binoculé* d'intelligence, il s'insinue adroi-

tement dans leur esprit, se concilie leurs sympathies, capte
leurs bonnes grâces, et s'assure ainsi, pour un moment
opportun, leur patronage, leur appui, leur défense. Par
eux, il apprend ce qu'ignorent la plupart de ses coreligionnaires, principalement les Harractas : les artifices de
la chicane, une finasserie peu commune en affaires, et
acquiert ce flair des hommes et des choses qui, bientôt,
parmi les indigènes et même les *mercanti* d'Europe,
l'entoureront comme d'une auréole d'habileté commer-
ciale, lui vaudront la réputation méritée d'une rare saga-
cité, et le doteront d'un certain degré d'influence sur les
membres de sa tribu. Grâce à cette influence, il parvint,
en 1865, à jeter les Ouled-Khanfar dans une série de
réclamations sans fondement et de manifestations publiques contre leur caïd Larbi, avec l'unique pensée de le
perdre dans celle de l'autorité supérieure, et de le remplacer
dans son commandement. Mais il est arrêté, et, avec plusieurs de ses coauteurs ou complices, tous ou presque
tous dociles, mais aveugles instruments de ses occultes
menées, envoyé pour trois mois à Aïn-Bey. — Dans le
courant des deux années suivantes, il cerne et circonvient
la pauvre femme d'un colon (1) assassiné dans sa ferme
non loin de Batna, et, à force d'insinuations méchamment
et habilement calculées, finit par la convaincre que l'assassin de son mari n'est autre que le caïd Larbi, contre qui il la détermine à crier vengeance en haut lieu.
Chargé de l'examen de l'affaire, le commandant supérieur
interroge le *Borgne*, et le confronte avec la veuve. Le *Borgne* nie, la veuve affirme, et les dénégations intéressées
de l'un vont se briser contre les affirmations désintéres-

(1) Delord.

sées de l'autre. — En 1868 et 1869, El-Haouar continue, directement ou indirectement, mais toujours sans succès, son système d'accusations calómnieuses contre Bel-Larbi, s'apprêtant à ouvrir contre lui, avec un nouvel acharnement, une nouvelle campagne de vexations de toute espèce, dont le plus important épisode est cette accusation de nombreux assassinats, que nous allons, enfin, exposer examiner et discuter.

XXV. — Nous touchons aux derniers mois de l'année 1870. Encore quelques jours, et la France, écrasée sous la botte de fer de la Prusse, traversera, pour y périr ou s'y régénérer, la plus lamentable phase de son histoire quatorze fois séculaire. Les esprits sont inquiets, les âmes anxieuses, les cœurs angoissés, et un voile funèbre semble déjà couvrir la France! On prévoit, non sans raison, hélas! la triste et fatale issue d'une guerre follement provoquée, déclarée trop tôt, préparée trop tard, engagée sans troupes assez nombreuses ni suffisantes munitions, contre un ennemi numériquement cinq fois plus fort que nous, — dirigée partout et presque tout entière, par des chefs généralement incapables de commander et indignes de conduire au feu des soldats, seuls restés dignes de la France. En Algérie, les Européens se demandent ce que deviendra notre belle colonie, dégarnie, démantelée qu'elle est de ses bataillons les plus aguerris, les plus infatigables et les plus expérimentés, et les Indigènes, vaincus éternellement impatients du joug de la conquête de leur pays par un vainqueur *roumi,* regardent aux quatre coins du ciel, cherchant à y prévoir la fin prochaine de la guerre. Jusqu'à présent, toujours ou presque toujours battue par la Prusse, la France est-elle

menacée du coup suprême? Ou bien, dans un élan de
désespoir sublime, seul et unique salut de ceux qui n'en
ont pas à espérer, elle, dont ils connaissent si bien le
bouillant et impétueux courage, — quoique tombée hier,
se relèvera-t-elle aujourd'hui? Incertains, indécis, crai-
gnant de terribles représailles, si, dans la balance du
Destin, la France l'emporte sur la Prusse, ils se rési-
gnent à attendre. Mais que les circonstances le permet-
tent, ils s'agiteront dans tous les sens, à la faveur de
l'inquiétude générale et de la suspension forcée du règne
normal des lois, pencheront plus ou moins du côté de
l'illégalité et du désordre, et ceux d'entre eux qui vou-
dront émerger du fond de leur néant ou de leur obscurité,
saisiront au passage la première occasion d'arriver à être
quelque chose, à faire quelque bruit!

XXVI. — Ainsi pensa, ainsi fit El-Haour! Trop clairvoyant pour ne pas comprendre le sens et la portée de
certains décrets du Gouvernement de la Métropole sur
l'organisation administrative de l'Algérie, et notamment
sur l'extension du territoire civil et l'amoindrissement de
l'autorité militaire et de ses plus puissants organes, les Bureaux arabes, il se dit que l'heure était sans doute venue
pour lui, ancien cheïkh cassé de ses fonctions par le caïd
dont il était l'auxiliaire subordonné, par Ali-bel-Larbi,
de recueillir le prix de vingt ans de rancune et de haine
impuissantes, et, son pied dédaigneux et triomphant posé
sur la poitrine de son ennemi terrassé, de monter au
Capitole de ces honneurs du caïdat, but suprême de sa vie
tout entière, pour s'y revêtir enfin, par un bonheur sans
égal, de cette dépouille opime, de ce burnous de commandement, si longtemps porté par Ali-bel-Larbi. Aussi

voyons-le à l'œuvre ! Notre désastre de Sedan vient d'être annoncé à Aïn-Beïda, et les Indigènes en sont émus, moins dans l'espoir de se révolter contre nous que par la joie d'apprendre les revers de nos armes. Pour quelques-uns d'entre eux, menés et dirigés en aveugles par le *Borgne* Djebar, le désastre est le point de départ d'une accusation formidable, mais gratuite, résumé d'une multitude d'accusations antérieures, contre le défectionnaire, le traître, le *roumi* Bel-Larbi. L'objet de l'accusation n'est rien moins que l'assassinat par empoisonnement de l'Harcati Abdallah-ben-Bouchekoua. Ballon d'essai et rien de plus de la part de Djebar et des siens ! Une enquête militaire et, à raison du territoire civil sur lequel l'assassinat aurait été perpétré, une enquête civile démontrent péremptoirement et l'inanité de l'accusation et les intrigues des accusateurs. Ceux-ci, à l'exception du *Borgne*, qui a, entre autres, le talent de se cacher ou de se tenir en arrière, alors qu'il devrait se montrer et marcher en avant, tentent, au nombre de dix-huit, de réparer à Constantine, auprès du général administrateur, leurs deux échecs d'Aïn-Beïda. Mais, vains efforts ! ils en subissent un troisième. Leur plainte est rejetée, leurs personnes écrouées, et ils ne sortent de prison qu'après avoir, eux aussi, réfléchi, pendant plusieurs jours, à l'atroce injustice et à l'insigne méchanceté de leur conduite envers l'innocent Bel-Larbi.

XXVII. — Mais rien n'est infatigable comme la haine, tenace comme l'envie, vigilant et actif comme une intelligente et logique ambition ! Bientôt après, et cette fois encore à la suite d'un nouveau désastre de notre armée, la capitulation de Metz, — quand notre étoile

pâlit et avec elle le prestige de notre puissance aux yeux
des indigènes, — nouvelle, mais tout aussi méprisable et
inutile intrigue, conçue par le même mobile, ourdie par
les mêmes mains, poursuivie dans le même but, quoique
tramée contre un autre que Bel-Larbi! « Celui qui ne
peut être abeille, dit un proverbe arabe, qu'il se contente d'être mouche! » On avait été forcé de reculer
devant le plus puissant et le plus influent des caïds harca-
tiens; on se retourna hardiment contre celui des Ouled-
Saïd, Mohammed Aberkan, qui était loin de jouir de la
même puissance et de la même influence que Bel-Larbi.
Tous les administrés en masse, sans exception, se levè-
rent contre leur administrateur. Calomnies sur calomnies,
manœuvres sur manœuvres, tout fut entassé pour perdre
Aberkan, mais tout échoua honteusement contre une
enquête des plus scrupuleuses et des plus impartiales,
d'où Aberkan sortit pur de tout reproche, tandis que ses
calomniateurs, je veux dire ses cheïkhs et ses compéti-
teurs, — Amans nouveaux, et malgré eux, d'un nouveau
Mardochée, — concoururent à l'affermissement de l'autorité du caïd dont ils avaient juré la ruine et la mort
administratives. Or, nul doute que, dans cette circonstance, le *Borgne* n'eût été, non pas l'instrument osten-
sible, il était trop habile pour cela, mais l'instigateur
caché des faits et gestes des Ouled-Saïd.

XXVIII. — Cependant les Arabes d'Aïn-Beïda sont dans
un indicible émoi. Sur le cadavre de l'Empire venait de
s'élever la République. Une nouvelle municipalité avait
succédé à l'ancienne municipalité d'Aïn-Beïda. N'était-ce
pas assez pour inspirer aux *Harractas* le désir de voir
s'opérer chez eux des changements et des innovations dans

le commandement, — par exemple, en matière de nomi-
nation aux fonctions publiques, la substitution du système
électif au système autoritaire? Pourquoi, de même que
les Français, les Harractas, Français comme eux, ne béné-
ficieraient-ils pas des libertés municipales et, en général,
des institutions administratives du Gouvernement républicain? N'avaient-ils pas assez vécu, *gémi*, sous le tran-
chant du sabre? Sans nier la différence profonde qui
interdit toute assimilation sérieuse entre le commandement turc et le commandement français, ne serait-il pas
grand temps que le régime militaire fît place au régime
civil? Si chère qu'elle soit aux Arabes et aux colons des
territoires civils, cette innovation, ne le serait-elle pas
tout autant, pour ne pas dire plus, aux Indigènes des territoires militaires? D'ailleurs, quel inconvénient à ce que
leur territoire, à eux aussi, soit converti en territoire
civil? Qu'on leur permette de goûter aux fruits d'or de
l'administration civile, et on s'assurera si ou non, il est à
craindre qu'ils en abusent? Mais n'est-ce pas en vue de
cet inappréciable avantage que les territoires civils de
leur tribu ont été étendus? Peut-être ne peuvent-ils pas
encore passer, directement et sans encombre, sous l'autorité immédiate d'un maire ou d'un préfet? Mais qu'est-ce
qui empêche qu'ils ne se donnent, ou qu'il ne leur soit
donné, des cheïkhs et des caïds civils dépendant de chefs
civils? Le moment est propice. — Commandant supérieur
et maire ne marchent pas d'accord entre eux. Ce que veut
le maire, le commandant supérieur le refuse, et ce qu'ordonne celui-ci, celui-là le défend. Du bureau arabe à la
mairie, de la mairie au bordj du commandant supérieur,
d'Aïn-Beida à leur tente et de leur tente à Aïn-Beida, les
Harractas vont, viennent, s'agitent et se remuent. Ne

savent-ils pas ce qui se passe à Paris comme à Constantine, et à Constantine comme à Aïn-Beida? Ne pressentent-
ils pas les approches d'une ère nouvelle? Le vent des événements politiques n'a-t-il pas soufflé sur eux? Sous son
action, le sol de leur tribu n'a-t-il pas déjà commencé à
s'ébranler? Expliquez donc, sans elle, la grave collision
qui a tout à coup éclaté, entre musulmans et israélites,
dans l'enceinte d'Aïn-Beïda elle-même! Et ce bruit officiel,
colporté dans tous les douars, que l'Arabe, appelé à par-
ticiper aux bienfaits de la République, élira, avant peu,
ses djemâas et ses chefs, et que désormais le maire sera
tout et le commandant supérieur rien! N'est-ce pas là
l'heureux présage de la prochaine émancipation civile
et administrative des Arabes?

XXIX. — Ce langage, si clair et si net, n'avait pas
besoin de commentaires. Seulement, pour en pénétrer,
aussi profondément que possible, l'esprit des Harractas, il
fallait, à défaut de presse et de tout moyen de publicité
véritable, un homme intelligent, partisan des idées expri-
mées par ce langage, jouissant auprès de certains individus d'une certaine considération et d'une certaine
influence, lequel s'en fit l'écho, le traducteur et le propa-
gateur dans toute la tribu. Nul plus qu'El-Haouar n'était
capable de remplir ce triple rôle. Intelligent? tout le
monde le savait tel; partisan de ces idées? il venait de le
prouver, quand, à propos de caïdats « trop verts » pour
lui, il s'était écrié devant le capitaine Marty : « Qu'avons-
nous à en faire? » considéré et influent, il l'était tout autant que la Mouche du Coche, aux yeux de gens naturellement impressionnables, et facilement impressionnés
par ces grands et interminables parleurs que leur bavar-

dage a fait comparer à des pies... *monoculées.* Ajoutez,
ce qui n'est pas sans utilité, qu'il s'octroyait généralement, sans sourciller, à lui-même, l'importance d'un Arabe
assez présomptueux et assez vantard pour oser dire et
soutenir devant le Commandant supérieur qu'à lui seul,
lui, le *Borgne,* il exerçait plus d'ascendant sur les Haractas que tous les caïds ensemble. Constamment à l'affût
de tout prétexte et de toute occasion de faire un pas de
plus vers ce burnous de caïd, militaire ou civil, dont,
à n'importe quel prix, il désirait si ardemment orner
ses cyclopéennes épaules, Dieu sait s'il accepta et exécuta
avec bonheur le mandat qu'il avait provoqué et qu'il s'était
fait conférer! Voici donc ce qui advint. Sur ses excitations, plusieurs djemâas s'opposent avec tant de violence
et de menace à la vérification du recensement de leurs
troupeaux par leur caïd, que l'Administrateur du cercle
d'Aïn-Beïda, pour ne rien brusquer et *plier,* mais sans
rompre, sous le coup de circonstances exceptionnellement
critiques, consent de guerre lasse, si cela peut s'appeler
consentir, à accepter, pour vérifier le recensement, la
garantie de ces djemmâas, — alors que, dans quelques
autres, cette opération révèle un dixième d'augmentation
sur les précédentes années. Mais là surtout où fit éruption
le foyer de haineuse et implacable ambition du *Borgne,*
c'est surtout au début de l'insurrection de Souk-Ahras.
La tribu des Harractas, à l'exemple de beaucoup d'autres
tribus circonvoisines, en éprouve une vive émotion, et le
Borgne s'empresse de la mettre sur-le-champ à profit pour
renouveler l'accusation d'assassinat par Bel-Larbi sur la
personne de Bouchekoua. Nous en avons déjà dit un mot,
mais il est nécessaire d'en parler plus au long.

XXX. — On n'a pas oublié que, devant les conscien-
cieuses informations des autorités militaire et civile,
cette accusation s'était évanouie, comme les ténèbres
devant la lumière, en une ordonnance de non-lieu. Pourquoi donc la remettre aujourd'hui sur le tapis? Pourquoi essayer de ressusciter des calomnies mortes et en-
sevelies dans les cartons de l'Administration? Nul fait
nouveau n'avait été découvert, et, à certains égards, il y
avait chose jugée. Mais n'en est-il pas de la soif insatiable
des honneurs comme de la faim exécrable des richesses?
Que ne peut l'ambition, même abandonnée à elle-même,
et, à plus forte raison, appuyée sur le concours d'autrui!
Or, parmi les plus notables Européens de la Municipalité d'Aïn-Beida et d'ailleurs, il s'en rencontra qui, sans
s'en douter peut-être, épousant les passions et les visées
d'El-Haouar, crurent que servir l'ennemi d'Ali-bel-Larbi,
ami, selon eux, du capitaine Marty, que, bien à tort, ils
s'imaginaient être leur ennemi, c'était desservir et le
caïd et l'administrateur des Harractas. Enhardi par cet
appui, le *Borgne* n'hésita pas, en décembre 1870, à dres-
ser ses batteries contre Bel-Larbi. Qu'importe le résultat des enquêtes, si avantageux pour le caïd? Ces enquêtes,
c'est à Aïn-Beida qu'elles ont été faites. Qu'une nouvelle
plainte soit portée à Constantine! là est le général administrateur, là, l'oracle suprême de la justice! El-Haouar,
ses adhérents et ses complices se rendent donc à Constantine, se présentent chez le général administrateur, et,
en sa présence, à la criante injustice de leur plainte, ont
l'audace de joindre des menaces de mort contre le caïd.
Déjà instruit de ces menées, et maintenant à même de
les apprécier tout à la fois, *visu* et *auditu*, après avoir
vu les diffamateurs et entendu la diffamation, le général

les fait écrouer à la Kasbah. Mais les démarches d'El-
Haouar, ou plus exactement de commerçants européens
de Constantine, ses connaissances, ses associés ou ses
cointéressés, amènent, peu après, leur élargissement.
Ici, avant de narrer toutes les phases judiciaires et administratives de cette accusation, remontons à son origine et
faisons-en connaître la nature et la suite chronologique.

XXXI. — Dès le 16 septembre 1870, El-Haouar allait
à l'Hakouma du bureau arabe d'Aïn-Beida *implorer* du
capitaine Raffin, qui alors en était et en est encore le chef,
quelques instants d'audience, pour lui confier, de la part
d'Arabes ses mandants, et loin de toute oreille indiscrète,
le secret d'une plainte, la *première* de toutes, pour empoisonnement commis, dans son bordj, par le caïd, sur
la personne de Ben-Chekoua, au commencement du mois
de septembre. Trois Arabes, Bel-Kheir, Ben-Ferkat, M'hal-
el-Aïn, qui lui avaient demandé l'hospitalité, avaient bu et
« mangé chez lui des choses sans doute empoisonnées. »
Deux de ces Arabes étaient hors de danger, mais Abdal-
lah-ben-Ali (Ben-Chekoua), l'un d'eux, était sur le point
de mourir. Le caïd Bel-Larbi devait être seul responsable
de sa mort. — Pourquoi donc les compagnons et commensaux, et, d'après vous, proches parents (l'un, frère, et
l'autre, cousin-germain) de Ben-Chekoua, n'ont-ils pas immédiatement averti l'autorité? — Parce que, reprend le
Borgne, ils ont eu peur du caïd. — Eh bien! j'informerai
sur votre plainte, mais à la condition qu'elle me sera présentée directement et sur l'heure par les plaignants eux-
mêmes, dont le corps sera visité d'urgence par le médecin du cercle, et les déclarations entendues sans retard.
Trois jours après, seconde audience accordée au *Borgne*

par le chef du bureau arabe. Ben-Chekoua venait d'expirer, et les Oulad-Khanfar accusaient unanimement Ben-Larbi de sa mort. — Ordre fut donné aux parents du défunt, qui habitaient le douar de Gouracha, où était mort Ben-Chekoua, de ne point ensevelir son cadavre, avant les constations médico-légales, et de le transporter à Aïn-Beida, où, plus facilement, on en ferait sur-le-champ l'autopsie. Or, le 20 septembre au soir, le cavalier qui avait porté cet ordre, rapportait une lettre de Gueracha, annonçant que Bel-Chekoua n'était pas mort encore, et qu'à raison de son état d'extrême souffrance, ses frères n'avaient pas cru pouvoir l'emmener à Aïn-Beida et demandaient pour lui un médecin français. Celui-ci part à l'instant même à cheval pour le douar, avec mission d'y visiter et soigner, non-seulement Ben-Chekoua, mais encore son frère et son cousin nommés dans la première plainte d'El-Haouar. Rien ne révélant la moindre trace d'un empoisonnement sur le cousin et le frère de Ben-Chekoua, ce dernier fut seul l'objet du certificat du docteur, constatant, d'une part, qu'il y avait de fortes présomptions pour que tout moyen d'empoisonnement fût écarté; mais, d'autre part, qu'il ne peut assurer, sur son âme et conscience, et avec une certitude manifeste, qu'il n'y a pas empoisonnement, tant qu'il n'aura été procédé ni à l'analyse des aliments ingérés, ni à l'autopsie du cadavre de la personne supposée empoisonnée. Cinq jours plus tard, mourait Ben-Chekoua, et ses restes étaient déposés au bureau arabe. Mais, sachant bien qu'une enquête sommaire a démontré et les mensonges de leur plainte, et la fausseté de leurs dires, et le néant des accusations dont, en leur nom, El-Haouar s'est fait le complaisant écho, — les parents de la prétendue victime, pour échapper au démenti scientifique de leur dénonciation, s'opposèrent de toutes leurs forces à l'autopsie proposée. Opposition étrange et absurde! Le même jour, un procès-verbal d'audition de témoins par le capitaine de Lestoc, adjoint au bureau arabe, officier de police judiciaire, dressé en présence du commandant supérieur et du docteur Demmler, — celui-là même qui s'était rendu à Gueracha, — constata que les plaignants, après avoir été avertis par l'officier informateur que leur refus d'autopsie, unique moyen de s'assurer du fait de l'empoisonnement, emportait, de leur part, aveu implicite de l'inanité de leur plainte, avaient explicitement reconnu que leurs accusations étaient mensongères, qu'ils renonçaient à toute plainte contre Bel-Larbi, et sollicitaient indulgence et pardon pour la légèreté de leur conduite envers ce caïd.

XXXII. — D'autres qu'El-Haouar se seraient tenus pour battus. Mais les fumées d'une ambition effrénée permettent-elles, même au plus clairvoyant, de voir la vérité telle qu'elle est, et non telle qu'il la désire? Et suffit-il à la vérité de se montrer pour les dissiper, et avec elles toute erreur et toute illusion? Trois jours se sont à peine écoulés depuis l'audition des parents de Ben-Chekoua et l'inhumation du cadavre de ce dernier au Djebal-Sidi-R'gheis, et, emporté par la force irrésistible de passions sans trêve et sans frein, le *Borgne* a l'incroyable audace de se rendre à Constantine, auprès du général administrateur, qui, trompé par les séductions de son langage non moins animé qu'astucieux, ordonne et l'inhumation et l'autopsie des dépouilles de Ben-Chekoua. Cette double opération a lieu en présence de près de quinze indigènes, demeurant dans le voisinage de la *kobar* de Ben-

Chekoua, et qui, tous, désignent sa tombe au docteur et à l'officier de police judiciaire. Celui-ci envoie immédiatement à l'hôpital de Constantine, pour y être scrupuleusement analysés par le pharmacien en chef de cet établissement, le foie, les poumons et les viscères abdominaux du défunt, mis, enfermés, scellés publiquement et sur place dans un vase en faïence, et accompagnés du procès-verbal régulier et détaillé du procès-verbal de l'opération. Or, que résulte-t-il du rapport de l'expert sur « une suspicion d'empoisonnement? » Que « les matières soumises à son examen ne *contiennent aucune trace de substance toxique!* » En d'autres termes, qu'à la monstrueuse et colossale intrigue tramée contre Bel-Larbi, tout manque, tout, même le corps du délit!

XXXIII. — Mais, à défaut du corps de délit, élément essentiel de toute accusation d'empoisonnement, Djebar et les Ouled-Khanfar, dont il s'était constitué l'agent provocateur, l'intermédiaire zélé et l'introducteur intéressé auprès de l'Autorité supérieure, pouvaient-ils invoquer contre le caïd des circonstances matérielles et morales, susceptibles d'en tenir lieu? Non, car, sans parler des dépositions des témoins, la discussion des déclarations des plaignants, et surtout celle de Djebar, relèvera de si graves contradictions entre elles, qu'aux yeux de tous et sous tous les rapports, elles seront inadmissibles. Aussi Djebar, qui le comprit mieux que personne, loin de hâter la marche normale de l'information, chercha-t-il à l'entraver en soulevant, à bon droit, une question d'incompétence, fondée sur ce que Ben-Chekoua, ayant « bu la mort » sur le territoire civil, son crime ne ressortissait pas de la juridiction militaire. — En conséquence, remise au juge de paix d'Aïn-Beida de toutes les pièces de l'affaire, et nouvelle instruction devant ce magistrat. Mais cette instruction, par une coïncidence écrasante pour les intrigants et les diffamateurs ligués contre Bel-Larbi, aboutit aux mêmes résultats que la première, la confirme de plus fort, et démontre une seconde fois qu'il n'y avait pas eu empoisonnement, mais seulement intrigue et diffamation contre le caïd.

XXXIV. — Après tous ces échecs, le *Borgne* se tait ou paraît se taire. Un silence prudent convenait seul à sa position vis-à-vis de ses coreligionnaires et de l'autorité française. Mais les Ouled-Khanfar, ces hommes qu'il faisait mouvoir à son gré, — sous un masque ou à visage découvert, — n'en ont pas fini avec leur caïd, et cependant, quoi qu'il puisse leur en coûter, ils ont arrêté sa disparition du milieu d'eux. Les conclusions de l'enquête connues, ils vont en grand nombre remettre personnellement au général administrateur trois autres plaintes, datées des 8, 10 et 26 novembre 1870, accusant Bel-Larbi, non plus d'un, mais de six empoisonnements sur diverses personnes qui, avant de mourir, les auraient déclaré aux gens de la tribu. Ali-bel-Larbi est un « mauvais homme » qui doit être chassé de leur pays, sous peine de les voir abandonner et laisser en friche leur part de territoire. Qu'on le « leur enlève! sinon ils le tueront, » et ils émigreront en masse; car, ils l'affirment « les larmes aux yeux, » c'est le caïd qui les prive de la paix que la France avait su leur donner, » la France vers laquelle ils accouraient tous de grand cœur, dussent-ils tous périr en combattant pour elle! C'est lui qui est une source intarissable de discussion, de trouble et de désordre! — Du reste, ils veulent qu'il ne soit plus rien pour eux, comme eux ne sont plus rien pour lui. Peuvent-ils vivre plus longtemps avec un intrigant et un spoliateur en qui ils n'ont nulle confiance? De la justice du *sultan* administrateur sortira la vérité! Que le caïd soit par lui confronté avec eux! « Les autorités d'Aïn-Beida méconnaîtraient leur droit. — Devant elles, les caïds ont toujours raison. » Que le général les délivre donc des injustices de Bel-Larbi, le meurtrier de leurs « hommes, » l'incarcérateur de leurs *kebars!* Le maintenir dans ses fonctions, ce serait maintenir le désordre. En somme, que demandent-il contre lui? La justice! Si elle leur est refusée, leurs lettres le témoignent, « ils ont l'intention de le tuer! » Ce sont ces plaintes et ces menaces qui en firent écrouer les auteurs. — Par cette mesure, malheureusement de trop courte durée, plaignants et plaintes paraissent s'endormir dans un calme profond. Mais le *Borgne* veillait, et, vers la fin du mois de janvier 1871, réveillait les uns et les autres. Puis, profitant des événements de Souk-Ahras, flanqué d'ailleurs, dit-on, — d'auxiliaires européens d'Aïn-Beida, fonctionnaires publics, et, par cela seul, exerçant une haute influence sur leurs concitoyens, — reprenait son système d'hostilités et de diffamations contre le caïd Bel-Larbi dont il s'avouait l'ennemi personnel.

XXXV. — Tant d'intrigues ne devaient-elles pas enfin avoir un terme! Tout semblait le faire espérer. L'emprisonnement des délégués des Ouled-Khanfar avait inspiré de salutaires réflexions à leurs *Kbars* et au chef de leur soff, Si-Medkour-ben-Othman, dont El-Haouar était l'administré. Rentrés dans leur tribu dès le 20 octobre, après dix ans d'incarcération, les délégués s'y tiennent cois;

et il n'y est plus question de plaintes contre le caïd, si
ce n'est pour en proclamer la fausseté et l'injustice.
Deux de leurs cheïkhs, jusque-là des plus opposés à toute
conciliation et des plus acharnés contre Bel-Larbi, font
soudain volte-face, répondent sur leur tête du silence et
de l'inaction de leurs administrés, en attendant la décision de l'autorité, et confessent, en présence du capitaine
Marty, qu'il n'y a rien de vrai dans les réclamations de
leurs gens, — rien... qu'une intrigue de Djebar-el-Haouar
contre « son mortel ennemi, » le caïd Bel-Larbi. Et ce
tardif aveu était accompagné de telles protestations de
dévouement à la France, de docilité et d'obéissance aux
volontés de leurs chefs français et indigènes, que le Commandant supérieur considérait comme clos « l'incident »
soulevé par cette affaire. Opinion d'autant plus facile à
comprendre et d'autant plus plausible, même après des
agissements et des menées d'une flagrante hypocrisie,
qu'elle était confirmée par une démarche tentée par les
Ouled-Khanfar, pour obtenir leur pardon de Bel-Larbi et
son intervention, en leur faveur, auprès de l'autorité
supérieure. Disons, en passant, que le capitaine Marty
n'avait garde de confondre, avec les réclamants et les
meneurs de bas étage, Djebar-el-Haouar, « le plus important de tous. » Celui-ci méritait un sort à part; et, tandis
qu'il demandait contre les premiers un internement de
deux ans au moins hors la subdivision de Constantine,
il concluait, pour un temps plus long, à l'emprisonnement
d'El-Haouar et à son expulsion de leur tribu.

XXXVI. — Mais comment revenir sur le passé, et rendre,
à l'avenir, la vie à des griefs depuis longtemps mis à
néant, et délaissés comme tels, par ceux-là même qui, de

connivence avec lui, les avaient inventés et produits sous
les yeux de l'autorité? Tout autre qu'El-Haouar eût été
arrêté par les objections! Mais de quoi n'est pas capable
un esprit fécond en ressources, qui peut, sans difficulté,
« faire voir blanc ce qui est noir et noir ce qui est blanc? »
La veine des Ouled-Khanfar est épuisée, c'est vrai, mais
celle des Ouled-Saïd ne l'est pas! — Il tentera donc avec
ceux-ci un succès désormais impossible avec ceux-là, ou
plutôt, dans une dernière et suprême intrigue, il mêlera,
avec une habileté sans égale, les griefs des uns et des autres contre ce Bel-Larbi, l'objet de leur commune haine.
Quoique les Ouled-Saïd disent, dans une de leurs plaintes,
sous forme de menace d'émigration, que « la terre est large
et que Dieu l'a faite spacieuse, » ils ne veulent pas moins
se soustraire à l'autorité de ce même caïd, en conti-
nuant d'occuper une partie du territoire des Harractas.
Est-ce pour cette seule raison que « leurs intérêts » seraient
mélangés avec toutes les fractions des Ouled-Khanfar?
Non, certes, et ils le savent bien! Ce qu'il leur faut, c'est
d'être débarrassés de Bel-Larbi, sous la main de qui le
Commandant supérieur vient de les placer; c'est de n'être
plus attaché par aucun lien de sujétion à un supérieur
que, victimes des insinuations perfides et des accusations
odieuses d'El-Houar, flagellé, dans une pièce émanant de
la Division, du titre de « le plus audacieux des intrigants, »
ils dépeignent dans une de leurs plaintes comme un
homme méchant et un caïd intolérable. C'est enfin de
continuer à prendre parmi eux celui qui doit les gouverner, et, puisque la suppression de leur caïdat est
accomplie, de leur accorder le droit d'être gouvernés,
non plus par le Caïd d'une autre fraction, mais par
leur propre djemmâa. — Mais que faire pour en arriver

là ? — Une pétition au Conseil municipal d'Ain-Beida, répond El-Haouar, une pétition qui, tout en ayant l'air de le prier de n'intervenir que pour demander au Préfet de Constantine le rapport de cette mesure, effacera l'affront fait par elle au restant des Harractas, et rappellera à la Municipalité d'Aïn-Beida, et au Préfet de Constantine « les griefs d'empoisonnement, etc., » dont s'était rendu coupable leur caïd Ali-bel-Larbi.

XXXVII. — Inutile de dire que les conseils et les inspirations d'El-Haouar furent de point en point suivis, et que c'est à eux qu'est due la pétition du conseil municipal d'Aïn-Beida, datée du 30 janvier 1871, et signée par huit délégués des Oulad-Saïd, ou, tout au moins, portant leur signature. Rédigée avec un certain art qui décèle une plume habituée à écrire, et française plutôt qu'indigène, cette pétition, qui emprunterait sans doute un surcroît de force et de solennité de sa remise au Conseil par les Ouled-Saïd en personne, fut par eux présentée à ces conseillers municipaux, convoqués et réunis *ad hoc* en séance extraordinaire. Favorablement accueillie (ses auteurs n'avaient pu en douter !), elle fut, en toute hâte, adressée au Préfet, qui infligea, c'était son devoir, un blâme sévère à ses approbateurs officiels : encore un échec auquel on s'attendait peut-être, et on devait certainement s'y attendre, tout portant à croire que cette pétition n'était qu'une vaine machine de guerre, capable tout au plus de faire un peu de bruit ! Si c'est là ce qu'on en espérait, on y réussit sans peine et à merveille, grâce à l'*Indépendant* de Constantine, sympathique à la cause de la municipalité d'Aïn-Beida et, par suite, des ennemis de Bel-Larbi, et spécialement du *Borgne*, leur instigateur et leur émissaire.

Cette feuille ouvrit donc complaisamment ses colonnes à la pétition des Ouled-Saïd et à la délibération conforme de la Municipalité d'Aïn-Beïda, et se posa en champion des adversaires du caïd. Mais déjà d'autres documents avaient été ou allaient être incessamment publiés par ce journal, qui, soit isolés, soit dans leur ensemble, révéleraient au grand jour des pensées et des actes, des procédés et des manœuvres, — depuis longtemps restés dans l'ombre et le silence, — à peine soupçonnés par un petit nombre d'affilés arabes, — et presque tout à fait inconnus de la plupart des Européens. Excellent et infaillible moyen d'agir efficacement sur les massés, puisqu'on avait agi sans succès sur les individus, mais moyen désespéré et, selon les circonstances, instrument de vie ou de mort, — le *Vaincre* ou *Mourir* du soldat qui, au milieu d'un péril extrême, ne peut ni reculer ni avancer, et n'attend son salut que d'un excès de bravoure et d'audace! Au reste, le sort en était jeté! La force des choses l'exigeait! Bon gré, mal gré, il fallait passer le Rubicon! El-Haouar, les amis d'El-Haouar et de l'autorité civile, l'autorité civile elle-même, avaient succombé jusque-là dans une lutte secrète d'homme à homme et d'homme à administration, contre le caïd, les amis du caïd de l'autorité militaire, — de cette autorité qui l'avait éclairé de ses conseils, couvert de son patronage et appuyé de toute son influence. Maintenant, que restait-il donc à faire, si ce n'est de tenter une lutte publique, un duel à outrance, d'autorité civile à autorité militaire, non plus seulement contre le caïd, mais encore contre le Commandant supérieur, le Bureau arabe d'Aïn-Beïda, en un mot, contre tout ami, représentant ou organe de cette autorité?

XXXII. — Mais ce combat à mort et à sang, quel qu'en soit d'ailleurs le dénouement, ne sera pas sans un inévitable danger pour El-Haouar, ses partisans et ses auxiliaires. Les faits diffamatoires formulés contre le caïd, comme homme et comme fonctionnaire, prêteront le plan à plus d'une prise à une action judiciaire. Que cette action soit civile ou correctionnelle, elle pourra engendrer, elle engendrera au profit de Bel-Larbi, à titre, soit de réparations pécuniaires, soit de réparations pénales, s'attaquant tout à la fois à la fortune et à la liberté de ses adversaires, une condamnation qui sera pour lui un trophée! On le sait, on le voit, on le craint! mais une voix fatale a crié : « En avant! » et on marche, on marche encore, comme si, au bout du chemin, ne s'ouvrait pas un infranchissable abîme! On obéit à cette logique du mal dont nous avons déja parlé ; on poursuit, avec une infernale énergie, la réalisation de ses espérances. De temps en temps, une autre voix, plus intime, celle-là, car c'est la voix de la conscience morale, crie à son tour : « Prenez garde! vous violez les lois divines et humaines! » — Mais c'est la voix qui crie dans le désert. On veut la fin! Licites ou illicites, et *per fas nefas*, on prendra les moyens! S'il est des hommes assez faibles pour servir les circonstances, il en est d'autres assez heureux pour que les circonstances les servent. La France est en désarroi. Le pouvoir est assis sur des bases chancelantes. L'Algérie souffre d'un indéfinissable malaise, et, de même que la France, ignore sa véritable voie. Deux autorités rivales et jalouses s'y combattent pied à pied, prétendant toutes deux à l'exercice d'un pouvoir prédominant, fondé sur les ruines de l'une d'elles. Autorité militaire, autorité civile, à laquelle des deux restera la victoire? Impossible de le deviner, mais tout semble annoncer que ce sera à l'autorité civile. — N'a-t-on pas appelé tout exprès à Alger, en qualité de Commissaire extraordinaire, et avec la mission spéciale de battre en brèche et de ruiner pièce à pièce le régime militaire, un homme (1) intelligent, résolu, républicain austère, avec mission de désorganiser peu à peu l'autorité militaire, et d'organiser à sa place l'autorité civile? Des décrets n'ont-ils pas été rendus pour faciliter cette œuvre de destruction régénératrice, et le Gouvernement général militaire ne sera-t-il pas prochainement remplacé par un Gouvernement général civil? El-Haouar a entendu, a vu les moteurs et les mouvements de l'opinion républicaine. D'après cette opinion, qui caresse la réalité d'un rêve plus ou moins réalisable et qui ne sera réalisé que dans un lointain avenir, le régime militaire a fait son temps, et la République en Algérie, c'est, avant tout, pour les colons et les Européens, comme pour les indigènes de toute origine et de tout territoire, l'avénement définitif d'un Régime assimilateur de la colonie avec la métropole, du régime civil. Et cela est si vrai que lui, indigène, lui, qui ne connaît guère de nos idées, de nos institutions et de notre forme républicaine de gouvernement, que l'écorce et des expressions sonores, après avoir passé quelques jours à Constantine, revint à Aïn-Beida, y important, dans sa mémoire et au bout de ses lèvres, les mots de République, de système électif, de suffrage électoral, voire de *self governement*, qu'il comprend, commente et applique à ses *concitoyens*, et avec lesquels il les émeut, les électrise, et les dispose à se soulever con-

---

(1) Alexis Lambert.

tre toute autorité militaire, et même, à son insu, contre n'importe quelle autorité.

XXXVIII. — L'*Indépendant* était alors l'unique organe de publicité à Constantine. Il y régnait en souverain, et seul, ou à peu près seul, gouvernait à son gré l'Opinion dans tout l'Est algérien. Bône, Philippeville, Sétif, avaient leurs journaux, — tous, ou presque tous, dignes, à des degrés et pour des motifs différents, de se répandre dans l'Algérie entière. Mais aucun d'eux, pas même la *Seybouse,* patronne distinguée du Régime militaire, n'avait atteint la publicité de l'*Indépendant.* Fondé, depuis plusieurs années, sans subvention administrative, par l'initiative spontanée d'un groupe de partisans du Régime civil, pour tenir tête à un autre journal de Constantine créé, à en juger par son titre, pour défendre les intérêts des *Africains,* ou Indigènes, et combattre la cause des immigrants, ou colons européens, il n'avait cessé d'être rédigé avec un talent et dirigé avec une sagesse, une modération, un tact, que n'eussent pas désavoué ses confrères, les plus remarquables de la Métropole. Or, par ses doctrines de politique générale, toujours libérales, parfois républicaines, et, depuis la chute de l'Empire, révolutionnaires et radicales, — par son courageux et inébranlable dévouement à la colonisation et à l'assimilation de l'Algérie avec la France, entendue comme l'entend l'École de Jules Duval, cet antipode si regrettable et si regretté de l'École d'Urbain, et, quand il fut choisi par le parti d'El-Haouar pour être son porte-voix dans la province de Constantine, par son zèle, — par sa passion, quelquefois excessive à épouser précipitamment les idées, les vœux, les résolutions *communardes,* ou peu s'en faut, de certaines Réunions publiques rappelant par trop des Clubs de tumultueuse et anarchique mémoire, — et, enfin, par ses nombreuses campagnes et anciennes polémiques pour le progrès de l'autorité civile au détriment de l'autorité militaire, — l'*Indépendant,* devenu plus que jamais populaire, était, si j'ose le dire, l'instrument né de la propagande sur une vaste échelle de tout ce qui, — faits, inventions, insinuations, commentaires, pouvait, de près ou de loin, venir en aide au système de calomnies et de mensonges, organisé de longue main dans la tribu des Harractas et dans la ville d'Aïn-Beida, pour renverser et détruire l'autorité de Bel-Larbi. Il ne lui manquait plus, pour s'assurer, à défaut de tout autre, un succès de scandale, que le secours de la plus large et la plus bruyante publicité possible, de la publicité par les mille échos de la presse. Ces échos, répétés de bouche en bouche et commentés par chaque lecteur de l'*Indépendant* qui, sans doute, en serait le premier commentateur lui-même, ne finiraient-ils pas par convaincre les lecteurs les moins attentifs, les plus indifférents, ou les plus favorables à la cause de l'adversaire d'El-Haouar et du capitaine Marty, protecteur bien connu de Bel-Larbi, que, malgré les efforts de cet officier, du *régime du sabre* et de l'autorité des bureaux arabes, — dans le conflit entre Bel-Larbi et El-Haouar, — le Droit et la Justice étaient du côté de ce dernier? En Algérie comme en France, à Aïn-Beida comme à Constantine, et partout où les hommes réfléchis et sensés sont en minorité (1), le *quelque chose* du mot proverbial de Voltaire et de Beaumarchais ne *resterait-il* pas dans l'esprit du plus grand nombre des lec-

(1) Les sots, depuis Adam, sont en majorité. *(Voltaire.)*

teurs de la feuille constantinienne? Les partisans et amis
d'El-Haouar le crurent ainsi, et, dès le **28 février 1871**,
l'*Indépendant* ouvrait, sous une rubrique des plus signi-
ficatives, dans son numéro du même jour, une longue
campagne sur l'*Affaire* d'Aïn-Beida.

XXXIX. — Résumons brièvement, et dans l'ordre de
leur publication, chacun de ses articles, — triple coup
de feu tiré par une main anonyme et cachée, mais dont
nous espérons donner plus tard le nom et soulever le
voile transparent. *Comment les insurrections se fomentent!* tel est leur commun titre, — titre habile, car on est
en temps d'insurrection, et tout ce qui a trait au mouvement insurrectionnel frappe naturellement l'attention
publique! titre alléchant, car il pique la curiosité et flatte
de prime-abord les passions de ces républicains soi-disant
avancés, — parce qu'ils s'insurgent, eux aussi, l'arme
d'une critique systématiquement partiale, à la main, en
affirmant partout que l'autorité militaire est le levain
provocateur de l'insurrection des Arabes. Or, que dit cet
article? Qu'un chef indigène qu'on a la pudeur de ne pas
nommer, est accusé par tous les *Harractas*, d'avoir empoisonné un de ses coreligionnaires; que, bien que le crime
soit prouvé et que l'affaire n'ait pas eu de suite, les
accusateurs n'en sont pas moins restés persuadés de la
culpabilité de l'accusé; qu'à tort ou à raison, celui-ci
n'était ni aimé ni populaire; que tout eût été néanmoins
épargné, si l'autorité militaire eût consenti à changer de
résidence le chef détesté qui, pour se venger de ses accusations, les accabla d'exactions de toutes sortes; que les
réclamations réitérées des Arabes contre Bel-Larbi, n'étant
pas dénuées de fondement, amèneraient entre chef et

subordonnés un conflit qui ne serait autre chose qu'une révolte, à laquelle les poussait, volontairement ou non, l'autorité militaire, en faisant de l'arbitraire envers les les indigènes; qu'enfin tout ce qui précède était confirmé par deux délibérations des Édiles d'Aïn-Beida. — Ce premier article était, à huit jours de là, suivi, sous le même titre, de la reproduction des deux délibérations municipales susdésignées. — Nous avons déjà analysé celle du 30 janvier. Ne parlons donc que de la délibération du 3 février, en grande partie consacrée au capitaine Marty, dont on défère à l'appréciation préfectorale les faits ainsi exposés par le Maire : L'administrateur du district d'Aïn-Beida, vexé de voir ses pouvoirs s'effacer, cherche à abaisser le système civil par de sourdes intrigues. Il s'insinue dans les affaires qui ne le regardent plus, et peut rompre ainsi la bonne harmonie et l'union qui règnent parmi les membres du Conseil. — Il ne montre que de l'hostilité au Maire, depuis que, par ordre du Préfet, ce magistrat a réuni le Conseil, pour *statuer* sur les tribus susceptibles de passer *sous* le régime civil. Par sa manière d'opérer avec les Arabes et le peu de cas qu'il fait de leurs réclamations, il s'est attiré leur antipathie, et ces mêmes Arabes peuvent trouver des prétextes pour exciter à la révolte et mettre en danger la sécurité publique. Après l'énonciation de ces faits, ou, ce qui est bien différent de ces appréciations, l'*Indépendant* ajoute que le capitaine Marty et son factotum, Sidi-Bel-Labi, le caïd incriminé, ont été chargés de l'enquête administrative sur la plainte des Oulad-Saïd à la Municipalité d'Aïn-Beida, et que le changement de résidence, demandé par le Conseil, dans sa délibération du 3 février contre un administrateur dont la présence (à Aïn-Beida) leur paraît compromettante pour la sécurité du pays, ne peut manquer d'être favorablement accueilli par le Préfet, qui sans doute ne négligera rien pour qu'il soit ordonné!

XL. — Est-ce tout? Non! Le 11 mars, toujours sous le même titre : *Comment les insurrections se fomentent,* encore un coup de feu qui ne sera pas le dernier! l'*Indépendant* prend fait et cause pour le Conseil municipal, l'autorité civile, et adversaire déclaré de l'autorité militaire, il ne déposera pas de sitôt son ceste et sa plume. Des pillards tunisiens auraient, dit-on, saccagé, aux environs de Tébessa, les propriétés de deux Européens, et sans qu'il soit possible de voir un lien logique entre ce fait et l'administration militaire des tribus algériennes, l'*Indépendant* en prend texte pour récriminer contre cette administration « Si elle était plus soucieuse des intérêts du pays que de la conservation de sa prédominance, *per fas et nefas,* avant quinze jours, l'Algérie retrouverait sa tranquillité ordinaire. Pourquoi, par exemple, malgré les démarches du Conseil municipal et des notables d'Aïn-Beida auprès du Commandant supérieur, Ahmed-el-Djebar, incarcéré par cet officier pour avoir engagé ses coreligionnaires à demander l'annexion de leur territoire au territoire civil, pourquoi cet indigène n'a-t-il pas été mis en liberté? Que signifie, en cette circonstance, l'attitude plus que singulière, — *injuste et désolante,* — du capitaine Marty? Pourquoi ces allures dédaigneuses envers un Conseil municipal, assez courageux pour se mettre en opposition avec la plus tyrannique, la plus rancunière des autorités, l'autorité militaire, qui agite les tribus, y crée, par tous les moyens possibles, des causes de conflit, des persécutions combinées, des actes de favoritisme réfléchis,

des injustices préméditées, et joue le rôle anti-colonisa-
teur et anti-français de fauteur de troubles, de mijoteur
d'insurrections! » Or, allons au fond de cette philippique
contre l'administration militaire! qu'y trouverons-nous?
La défense d'El-Haouar, le partisan à tous crins de l'administration civile, parce que l'intronisation de cette autorité entraînerait la disparition de l'administration militaire, et avec elle d'un de ses principaux agents indigènes
dans la tribu des Harractas, le caïd Ali-bel-Larbi, et de
son représentant français à Aïn-Beida, du capitaine Marty.
« Toutes choses, écrivait le Salluste de la France (1),
dans la *Conspiration de Bellamare,* s'expliquent par deux
raisons : la raison du dessus, qui paraît la vraie et qui
est généralement la fausse, la raison du dessous, qui est
généralement la fausse et qui paraît la vraie. » Tenez-
vous-en à la surface des choses : l'*Inde iræ,* la vertueuse
indignation de l'auteur de ce troisième article, c'est le
crime abominable de Djebar, son impardonnable forfait
d'avoir engagé partie des Harractas à demander l'annexion
de leur territoire au territoire civil. Mais osez-vous les
approfondir? vous vous convaincrez que cette demande
n'était qu'un engin de mécontentement et peut-être de
rébellion, un moyen fallacieux d'arriver, avec l'aide de
l'autorité civile, à l'anéantissement de l'autorité militaire...
pour le sauvage plaisir d'en contempler les ruines et
pour l'indicible joie d'assister au triomphe d'une opinion
administrative ou politique! Nullement!! Pourquoi donc?
Uniquement pour supplanter un redoutable rival, et
jouir de l'inexprimable bonheur de lui dire : « Enfin,
je t'ai vaincu! » Mais n'anticipons pas.

_____

(1) L'abbé de Saint-Réal.

XLI. — La publication de ces trois articles avait atteint, sinon tout, cela n'était pas possible, du moins une partie de son but, et ce n'était pas une des moins importantes. L'opinion publique était émue, surexcitée, passionnée, et son courant dominateur était loin d'être favorable à l'administration militaire. De cette administration dont la majorité des Européens, les uns pour des raisons que, de bonne foi, ils croyaient irréfutables, et les autres, plus nombreux, parce que, sans savoir pourquoi, ils suivaient, vrais moutons de Panurge, les traces des choryphées de l'opinion et des O'Connel l'agitation anti-militariste, — de cette administration, dis-je, aucun d'eux ne voulait plus à aucun prix. Ils allaient et venaient, se communiquant entre eux leurs impressions, leurs appréciations, leurs convictions. Nouvelle et orale édition des articles de l'*Indépendant,* et ils ne tardaient pas, ce qui arrive souvent à une foule ignorante et peu raisonnable, de croire, comme chose déja prouvée, ce qui, plus que jamais, est encore en question ! En est-il donc des fausses rumeurs et des fausses interprétations dans les *petites villes,* comme de la renommée dans les grandes ? L'*Indépendant* (lisez : l'auteur de ces articles) estima avec raison que c'était assez d'attaques contre le militarisme, et que, soit pour ne point ressembler au Parthe qui lance ses traits en fuyant, soit pour prévenir, et, s'il était possible, paralyser leurs contre-coups, il convenait, en terminant sa campagne en faveur de l'autorité civile, de se défendre d'avance contre la réponse du caïd Bel-Larbi, peut-être, et, très-certainement, du capitaine Marty. Il prit donc congé de son public par un dernier article, en date du 11 avril, simplement intitulé : *Aïn-Beida,* moitié sérieux, moitié ironique, écrit après le résultat éminemment favorable au commandant supérieur et au caïd, de l'enquête à laquelle un conseiller de préfecture venait de procéder à Aïn-Beida, presque simultanément avec un ancien officier de l'armée algérienne, alors commandant de la mobile. « Nous avons tout lieu de croire que le capitaine Marty *semble*, aujourd'hui, en haut lieu, aussi innocent que l'agneau le plus immaculé. Mais, nous le déclarons, nous ne sommes pas convaincus, et tant qu'on ne se sera pas attaché à mettre sous nos yeux des preuves irrécusables (on vous les montrera *tout à l'heure*) nous rougirons de l'avouer — (d'avouer la vérité),—la vérité dont vous allez dire que vous vous faites une loi ! *proh! pudor!),* nous resterons persuadés que les accusations portées contre ce capitaine (ajoutez le caïd) étaient fondées. Et cependant, nous devons le dire, le capitaine Marty n'a arrêté personne pendant l'enquête ! mais nous devons ajouter aussi, avec regret, qu'après l'enquête, il incarcérait deux Arabes qui avaient déposé en faveur du Conseil municipal (Code du sabre, loi du 20 terridor). » Et, plus loin : « Nous savons bien que le administrateurs (féodaux) du régime militaire ont droit de haute et de basse justice sur leurs terres. Merci donc au capitaine de n'avoir pas fait donner la question aux malheureux qu'il a incarcérés ! Car n'est-ce pas lui, ce qu'on appelle lui, qui, à l'occasion de l'accusation d'empoisonnement dirigée contre un caïd, que la justice civile, saisie bien plus tard de l'affaire, a déclaré, il est vrai, innocent, se permit de sauter à pieds joints dans le domaine de cette justice seule compétente pour le juger ? Pourquoi tant d'empressement à s'occuper d'une affaire qui ne le regardait pas ? Pourquoi s'est-elle cachée à la justice ordinaire avec tant de soin, que celle-ci n'en eut connaissance qu'un mois après, nullement par l'auto-

rité militaire, et, alors que tout le monde croyait à
la culpabilité du caïd? Évidemment, dans ces circonstances malheureuses, le capitaine, en pleine connaissance
de cause, dépassa ses attributions. Dans quel but? C'est
ce que bientôt nous chercherons à découvrir. Quoi qu'il
en soit, malheur à l'avocat qui demandera pour lui une
réparation judiciaire contre les conseillers municipaux!
il perdra infailliblement sa cause, et croyant ne défendre
qu'un homme, il défendra le régime militaire. »

XLII. — Tel fut le *speech* final de l'*Indépendant*, sorte
de flèche empoisonnée qui, pas plus que les autres, ne
frappa les deux fonctionnaires contre qui elle était lancée! Jusqu'alors, caïd et commandant supérieur avaient
cru devoir garder le silence. Également forts de leur
conscience et de leur droit, ils avaient trouvé au-dessous
d'eux de répondre aux plaintes, aux calomnies, aux diffamations et aux accusations, autrement que par une conduite privée et publique au-dessus de leurs atteintes.
Qu'avaient-ils à s'inquiéter, pour eux-mêmes, de manœuvres dont les enquêtes, déjà faites ou en train de se faire,
dévoileraient infailliblement les auteurs, les complices,
les fauteurs, le caractère et la portée? Ce qui les préoc-
cupait, c'était, avant tout, le maintien de l'ordre et de
la tranquillité parmi les Harractas. On était en pleine
crise : du jour au lendemain, sous le coup des excitations d'El-Haouar ou des siens, le feu de l'insurrection
pouvait s'allumer dans l'intérieur de leur tribu, où, par les
sages instructions du commandant, la docilité et l'influence
du caïd, quelques étincelles avaient été çà et là éteintes
au fur et à mesure de leur apparition. Viendrait plus tard
le jour d'une complète et solennelle justice, et ce jour-là,

amis et ennemis, partisans et adversaires, Arabes et Européens, tous apprendraient la vérité! Cependant, le caïd, poussé un instant à bout par des accusations réitérées d'empoisonnement, sous forme de plaintes privées, — d'abord individuelles, puis collectives, et enfin publiques, résolut de parler. Le 1er mai 1871, dans un noble et digne langage, tel qu'il sied à quiconque a conscience de son devoir de dénoncer justement à l'autorité d'injustes dénonciateurs, informait le général administrateur des incriminations des Ouled-Khanfar contre lui. « Les Ouled-Khanfar se révoltèrent en 1852, et ils le détestent, parce qu'il était avec les Français. Un instant, il avait songé à les attaquer devant la Justice. Mais il avait patienté, parce que la France était occupée de choses beaucoup plus graves que les siennes. Mais ses accusateurs, ayant, depuis les événements de Souk-Ahras, recommencé leurs manœuvres en ville et dans la tribu, parmi les Arabes et les Européens, avec qui ils ont des affaires et qui croient leurs paroles, il prie le général de porter cette affaire devant la justice, qui verra s'il est innocent ou coupable, et, s'il est innocent, punira les gens qui l'accusent injustement. » — « Je suis décrié, ajouta-t-il, en terminant sa lettre au général, je ne puis me laisser *salir* de cette manière. Envoyez de Constantine le juge d'instruction. » Voilà ce que fit le caïd pour mettre un frein à la fureur de ses agresseurs : il ne pouvait ni moins ni mieux faire! Il protestait contre l'injustice et il invoquait la justice! Et, pour que nul n'hésitât désormais à se prononcer sciemment et avec certitude entre les accusateurs et l'accusé, il demandait une information judiciaire sur les lieux de la perpétration du prétendu crime, et où, accusé, accusateurs, témoins, seraient interrogés, entendus, interpellés, confrontés,

non rogatoirement et par l'intermédiaire d'un magistrat local, mais personnellement et par le ministère direct
du juge d'instruction de Constantine. Quant au Commandant, calomnié et diffamé, lui aussi, à raison de sa conduite vis-à-vis du Caïd et de ses ennemis, il se résigna
à attendre en silence, — avec l'impatience d'un accusé
qui soupire après le triomphe de son innocence et le châtiment de ses détracteurs, — que l'apaisement des esprits
et l'achèvement des enquêtes permissent à la vérité de
se manifester tout entière aux yeux de l'Administration,
aussi bien que dans le sanctuaire de la Justice.

XLIII. — Mais en attendant, et au moment même où
les ennemis de l'autorité militaire, dans l'espoir de leur
livrer un dernier et décisif assaut, fourbissaient leurs
meilleures armes, — il fit la seule chose que les circonstances lui laissaient la faculté de faire, — il de-
manda, à plusieurs reprises, à ses chefs qu'une enquête,
présidée par l'autorité militaire? non! mais civile, s'ou-
vrît sur place et dans le plus bref délai possible. On était
à la fin du mois de janvier. Au commencement du mois
de février, — si tendue, si menaçante pour la tranquillité
publique, était la situation politique des Harractas, —
que le capitaine Marty sollicitait du Préfet de Constantine
l'envoi immédiat d'un haut fonctionnaire chargé de procéder d'urgence à l'enquête déjà plusieurs fois demandée.
Il y fut enfin procédé, mais longtemps après, sur une
nouvelle demande du capitaine Marty, — quand cet officier, fatigué de ne pas l'avoir obtenue encore, et crai-
gnant que son silence ne fût interprété contre lui comme
un aveu de culpabilité ou d'impuissance à se disculper,
avait écrit au Général administrateur pour être autorisé

à se défendre lui-même par la voie de la presse. Au lieu de cette autorisation, il recevait l'assurance qu'une double enquête allait être faite, l'une militaire, par M. de Sainte-Foix, commandant de la mobile des Bouches-du-Rhône, à Tébessa; l'autre, par M. Borelly, conseiller de préfecture, à Constantine. — La première commença le 18 mars, la seconde, le 29 du même mois. Elles avaient un double objet : Éclairer l'Administration supérieure sur l'état politique de la tribu des Harractas; Rechercher les causes directes ou indirectes de l'agitation qui, depuis plusieurs mois, régnait dans cette tribu et la ville d'Aïn-Beida. Elles devaient donc embrasser les faits concernant, tout à la fois, la conduite privée du caïd Larbi et la conduite publique du Commandant supérieur Marty, les rapports et les procédés des Arabes avec le premier, et des Européens avec le second; en un mot, la constatation de toutes choses et l'audition de toutes personnes, pouvant aider à la connaissance et à l'appréciation d'une situation politique, administrative et morale, à laquelle il importait de remédier promptement. Rapprochées de celles qui les avaient précédées et confrontées avec elles, ces enquêtes qui devaient se contrôler l'une par l'autre, et dont le résultat est ou peut être connu de tous, constituent l'élément authentique, le plus important et le plus considérable de la cause. Avec elles, on en apprend l'origine, on en connaît le caractère, on en voit les péripéties, on en pèse les conséquences, on en pressent l'issue. Toute la cause est là.

XLIV. — Mais il est fort à regretter que ces enquêtes n'aient pu, en aucune façon, porter sur des faits diffamatoires ou injurieux, distillés goutte à goutte, dans une

longue colonne du *Radical*, — un journal nouvellement
fondé à Constantine, depuis le 1er juillet de cette année,
peu de temps après ces enquêtes. Le 12 de ce mois, cette
feuille, dirigée dans le même esprit et rédigée par la
même plume que l'*Indépendant*, qui depuis..... mais
alors il frisait l'ultra-radicalisme et la démagogie, —
servait à ses lecteurs, sous le titre d'*Aïn-Beïda* et du sous-
titre : *Le règne de l'arbitraire*, un morceau de haut goût,
plein d'allusions à des faits controuvés, défigurés ou commentés à contre-sens par l'ignorance et la passion, et presque tout entier consacré au capitaine Marty. Sous le pseu-
donyme poltron et accusateur de *Plick*, un masque qui,
au besoin, déroberait aux yeux du public le nom et le
visage du coupable de cet article, le *Radical*, que je voudrais louer d'avoir couvert de son patronage ce courageux
écrivain, criait haro sur le pacha Marty, et ce cri, si
triomphant qu'il parût n'était qu'un cri de détresse,
poussé, *in extremis*, par un parti aux abois contre un
soldat victorieux. « Il s'était fait le ministre de l'arbitraire.
Pour lui, la loi, comme la vertu pour Brutus, n'était plus
qu'un vain mot. Illégalités entassées sur illégalités, incar-
cérations de pauvres diables qui avaient osé se plaindre,
à lui, d'avoir été volé par des Arabes, mise en liberté,
après deux jours de prison, d'un indigène qui avait griè-
vement blessé sa femme d'un coup de pistolet, abaisse-
ment, indigne entre tous, de l'autorité préfectorale par
l'autorité militaire ! toutes choses aussi scandaleuses que
vraies, et, pour couronnement de tant d'actes arbitraires,
interdiction par l'Administration du district du Commandant supérieur, des saisies autorisées par le Code de pro-
cédure civile, et cela, parce que le débiteur musulman
à saisir par un créancier *roumi*, était un cheïkh ! Voilà

le triste spectacle offert par Aïn-Beida, depuis le jour où l'autorité militaire a repris le pouvoir ? O prodige ! ô horreur ! Prenez garde, capitaine Marty ! Sous le chimérique et comique prétexte que permettre à un Européen de saisir un indigène, ce serait compromettre la tranquillité et la sécurité publique, vous foulez hardiment sous vos pieds la loi au préjudice de la civilisation et au bénéfice de la barbarie. Encore un coup, prenez garde ! *Caveas, Consul!* La loi est un serpent. Elle mord, elle enlace l'imprudent qui marche sur elle, et ce serpent, nous, serviteurs, nous, adorateurs de la loi, nous le réveillerions, si, par hasard, il était engourdi ! On ne viole pas impunément la loi. Expression raisonnée de la volonté de tous, elle aura, tôt ou tard, raison de l'arbitraire, cette expression brutale de la volonté d'un seul. »

Tant de fiel entre-t-il dans des âmes bien nées ?

Ceci dit, pour clore enfin l'interminable litre des diffamations et des injures inventées par de haineuses et jalouses passions, revenons sur chacune de nos enquêtes, et, après les avoir analysées au pas de course, abordons-en résolûment la discussion. Elles sont au nombre de cinq.

XLV. — *Première enquête :* Sur l'empoisonnement d'Abdallah-bou-Chekoua par le caïd et son fils. — Le premier témoin, Bel-Khreir-ben-Ferhat, affirme qu'Ali-bel-Larbi a empoisonné son frère Abdallah-ben-Chekoua et d'autres.—Tout ce qu'il peut dire pour preuve de son affirmation, c'est qu'avant de mourir, et tout au commencement de sa maladie, Bou-Chekoua lui a déclaré que le caïd l'avait empoisonné. « Lorsque je suis allé chez Bel-Larbi, dit-il, j'ai mangé du *refis* et bu de l'eau. Je meurs de ce que j'ai mangé. » Il nomme les autres victimes des empoisonnements du caïd, parmi lesquelles Redjem-ben-el-Hadj *Ali-Djebari*. Mais, à leur égard, il ne peut invoquer que la rumeur publique. Il ne peut désigner par leur nom aucune des personnes qui ont entendu la parole accusatrice de Bou-Chekoua. S'il s'est opposé à l'autopsie du cadavre, c'est parce que, dans les mœurs arabes, agir autrement serait un déshonneur. Bou-Chekoua est mort quatre jours après notre arrivée chez nous (le 24 septembre). Même déposition de la part du second témoin, Malhein-ben-Ali-ben-Chekoua, qui nomme tous les Arabes qui ont assisté aux derniers moments de son frère. De celle du troisième témoin, Ali-ben-Messaoud, il résulte qu'Abdallah-ben-bou-Chekoua, qui se portait bien en sortant de chez Bel-Larbi, n'aurait été malade que plus de trois ou quatre jours après son retour dans sa tente. Le quatrième témoin, Ahmed-ben-Messaoud-ben-Mohammed, s'est associé à l'accusation d'empoisonnement, parce que la victime lui a dit, avant de mourir, que, depuis qu'elle avait mangé chez le caïd, elle était malade, et que si elle mourait, c'était le caïd qui la faisait mourir. Quant au cinquième témoin, Chaban-bel-el-Hadj-Salah, il dépose que, comme preuves des empoisonnements reprochés au caïd, il n'allègue que la rumeur publique. Et les quatre autres témoins, également entendus, font la même déposition. Mais ces témoignages, pour importants qu'ils soient, et ils le sont beaucoup à tous égards, ne suffiraient pas à faire connaître les circonstances matérielles du prétendu empoisonnement de Bou-Chekoua. Or, ces circonstances se retrouvent toutes, et en termes à peu près identiques, dans les dépositions des deux premiers témoins. Transcrivons donc littéralement la plus explicite et la plus détaillée de ces dépositions. On pourra juger ainsi si cette déposition est de force à résister au plus simple examen de celle d'Ahmed-ben-bel-Ouched, qui déclare « que Bou-Chekoua lui dit qu'il était malade, mais qu'il ne savait d'où lui venait sa maladie; qu'il en avait causé avec son frère Malhein, et qu'il souffrait beaucoup; qu'il mourait sans porter contre personne la moindre accusation, et, au moment même de la visite du docteur français; que le cadavre de Bou-Chekoua a été immédiatement transporté à Fkrina, mais que ceux qui l'accompagnait étaient d'avis qu'on le transportât au bureau arabe d'Aïn-Beida; que Malhein s'y opposa, parce que, dit-il, on lui ouvrirait le corps; que, pendant la nuit qu'on passa à Fkrina, deux spahis du bureau arabe étant venus pour demander le transport du cadavre à Aïn-Beida, ce même Malhein s'y opposa de nouveau; que le même jour, on enterra Bou-Chekoua au marabout Si-Mohammed-Saïd, et que, quelques jours après la levée du cadavre, Hadj-Ali-ben-Taïeb, père du *Borgne,* et ses deux fils vinrent le trouver, lui témoin, et lui dirent qu'ils allaient à Constantine soutenir l'accusation d'empoisonnement contre Bel-Larbi et se débarrasser du même coup de ce caïd. »

XLVI. — Voici donc la déposition de Malhein-ben-Ali-ben-bou-Chekoua : « Nous sommes allés chez Bel-Larbi, moi, Bel-Kheir et Abdallah (Bou-Chekoua). — On nous offrit du *refis :* moi, je n'ai pas mangé, ni Bel-Kheir non plus; Abdallah en a mangé deux ou trois bouchées. — Le caïd dit ensuite : « Enlevez le plat et donnez le reste au taleb et aux enfants. » On enleva le plat. Nous demandâmes de l'eau. Cheriff-el-Hamza, ennemi de Bou-Che-

koua, apporta une *settla* (chaudron) d'eau. Bel-Kheir, qui
était sorti, vit Cherif remuer l'eau. En me voyant arriver,
Cheriff posa la *settla* par terre. Bel-Kheir la prit et allait
boire, lorsque je lui dis : « Ne bois pas! j'ai vu Cherif
remuer l'eau. Il doit y avoir un motif pour qu'il ait remué
l'eau ainsi. » — Malgré cela, il allait boire. Je l'arrêtai
de nouveau pour l'en empêcher. Je tournai ensuite le
dos, et Bel-Kheir saisit ce moment pour boire. Mais à
peine avait-il goûté l'eau, qu'il posa la *settla*, ayant trouvé
la boisson amère. Il alla aussitôt se rincer la bouche au
bidon. Après Bel-Kheir, Abdallah sortit et but, je pense.
Moi, je ne l'ai pas vu boire, mais Abdallah me dit qu'il
avait bu. Nous nous dirigeâmes ensuite sur Aïn-Beida.
Bel-Kheir me dit : « Tu avais raison! j'ai trouvé l'eau
amère. » Abdallah, ayant entendu le propos, nous dit :
« Moi, j'ai bu. » Je lui dis : « J'ai vu Cheriff remuer
l'eau. » Abdallah ne répondit pas. En arrivant à Aïn-
Beida, Bel-Kheir alla chez El-Djerbi, et lui dit : « J'ai
bu de l'eau quelque part, qui m'a mis le feu à la bouche; que faut-il faire ? » Djerbi me dit : « Voilà de l'huile
et rince ta bouche avec, ça te passeras. » Il se rinça la
bouche et pria Djerbi de ne rien dire à personne. J'ai dit
à Abdallah de venir prendre de l'huile, mais il n'a pas
voulu. Après avoir passé la journée à Aïn-Beida, nous
sommes revenus dîner et coucher chez le caïd Bel-Larbi
qui nous avait invités. Le lendemain, 12 septembre, nous
avons passé la journée à Aïn-Beida et dîné chez Bou-
Teraa à Oum-el-Guemel, nous sommes revenus à Aïn-
Beida. Nous avons arrangé notre affaire de bergers avec
le caïd et nous sommes partis. Arrivé auprès de la djemmâa de Tahar, Abdallah se plaignait et disait : « J'ai des
frissons; les épaules me font mal. » Nous lui avons

proposé de passer la nuit dans le douar où nous étions : il n'a pas voulu et nous dit : « Je suis malade! » Il est parti, et Malhein et moi avons couché chez le fils d'Ahmed-ben-bel-Ouched ; nous sommes arrivés chez nous le lendemain ; Abdallah était souffrant, mais debout; il se promenait. Le quatrième jour après notre arrivée, il se coucha et vomit (rendit) par en haut et en bas. Nous n'avons rien dit au fils de Bel-Ouched de ce qui s'était passé. J'ai prévenu Bel-Kheir, quand il est sorti pour boire ; mais je n'ai pas osé aller prévenir Abdallah, parce que le caïd était avec lui. Si je ne suis pas resté à côté de la *settla* pour empêcher Abdallah de boire, quand il sortirait, c'est parce que Bel-Kheir ayant pris la tasse, je pensais qu'il en verserait le contenu, d'après ce que je lui avais dit, et ne pensais pas que mon frère (Abdallah) pût en boire. » Cette déposition se termine par cette importante interpellation : Comment expliquez-vous qu'après avoir dit à Bel-Khreir et à votre frère (Abdallah) que l'eau était empoisonnée, ceux-ci soient revenus dîner et coucher chez le caïd Bel-Larbi? Et le témoin répond : C'est Dieu qui l'a voulu! eux y sont revenus, mais moi, je n'ai pas voulu y revenir.

XLVII. — *Seconde Enquête* (enquête De Lestoc), du 25 septembre. — Le premier témoin, Bel-Kassem-ben-el-Hadj, dépose : « Le 11 septembre, je m'étais rendu au bordj de ce caïd (Bel-Larbi) avec Abdallah-ben-Hamza et Malhein-ben-Chekoua, frère de ce dernier. Comme le caïd était absent, on nous pria de l'attendre, et l'on nous offrit un déjeuner composé de *refis* et d'eau. » (Le *refis* est un plat mêlé de couscouss et de raisin qu'on offre aux hôtes de distinction.) — « Abdallah-ben-Chekoua, continue le témoin, mangea du *refis* et but de l'eau dans une *settla* (grand vase ou chaudron) qui lui fut présentée par un des serviteurs du caïd, nommé Cherif-ben-Hamza. — Malhein ne voulut ni boire ni manger... Je me bornai à boire de l'eau dans la même *settla*. Malhein me dit en sortant qu'il avait vu Cherif verser une certaine quantité de poudre dans la *settla* qu'il a remuée, et qu'ensuite il nous présenta à boire. — A cette déclaration, je me suis cru empoisonné et suis allé immédiatement chez Seliman-ben-Djerbi qui habite Aïn-Beida, et l'ai prié de me donner de l'huile que j'ai avalée comme contre-poison. Je n'ai rien éprouvé à la suite de ce départ. En voyant Abdallah tomber malade le 16, ce que Malhein nous avait dit me revint en mémoire. Je ne doutai pas qu'Abdalla n'eût été empoisonné, et j'en fis part à Ahmed-Djebari. » Malhein-ben-Chekoua, frère d'Abdallah, deuxième et dernier témoin, répond aux questions qui lui sont adressées, « que le caïd était sorti quand des affaires l'ont appelé, avec Abdallah, chez lui; qu'on l'engagea à attendre et qu'on servit le déjeuner, un plat de *refis* et d'eau, dont il se garda bien de goûter, parce qu'il avait vu Cherif-ben-Hamza verser une certaine quantité de poudre dans la *settla* renfermant l'eau qu'il devait boire, et que le même Cherif lui a ensuite présentée. Mais, lui dit l'officier de police judiciaire, puisque vous vous êtes aperçu de ce fait, pourquoi avez-vous laissé boire et manger les gens qui vous accompagnaient ? — R. De peur d'occasionner du bruit ou du scandale dans la maison du caïd. — Vous êtiez persuadé que l'eau de la *settla* était empoisonnée, et vous vous arrêtiez à une considération pareille! Votre silence, convenez-en, exposait vos deux camarades à une mort certaine? — Je n'en disconviens pas; mais je n'ai pas osé parler. Je ne leur en ai fait part qu'à ma sortie du Bordj.

XLVIII. — En somme, le caïd Bel-Larbi est accusé d'avoir attenté à la vie d'Abdallah-bou-Chekoua par l'effet de substances pouvant donner la mort, en d'autres termes, du crime d'empoisonnement (1). Abdallah-bou-Chekoua, après avoir bu la substance qui lui aurait donné la mort, a encore vécu douze jours. Ce n'est guère que quatre jours avant sa mort qu'il serait tombé malade, et la veille, ou peut-être le jour du début de sa maladie, il était allé trouver un membre de son douar, l'inviter à se rendre, à quelque distance de là, à la Retcba (2), et y prendre ses charrues ! Mais si Bel-Larbi a empoisonné Bou-Chekoua, c'est qu'il avait sans doute intérêt à se défaire de lui ? Or, l'intérêt, cette ame du crime, où est-il ? C'est encore que le fait de l'empoisonnement de Bou-Chekoua est matériellement prouvé par la présence d'un poison dans le cadavre de l'empoisonné ? Or, le poison, ce corps du délit ou du crime d'empoisonnement, où est-il ? Impossible de soupçonner chez Bel-Larbi le moindre mobile quelconque de haine, de vengeance, de cupidité ou de toute autre passion, — plus impossible encore, si j'ose le dire, d'affirmer qu'une subtance toxique ait été trouvée dans les viscères de Bou-Chekoua ! Donc, ni ame ni corps d'empoisonnement ! — Oui ! dira-t-on sans doute, mais l'intérêt peut exister sans se révéler au dehors, et les traces du poison peuvent échapper aux regards les plus perspicaces et les plus exercés de la science ? — Soit ! mais alors prouvez que ce qui, d'après

(1) Art. 301 du Code pénal.
(2) Silo ou emplacement souterrain.

vous et en thèse générale, est possible, existe réellement
dans le cas particulier! Tout est possible! — Moralement, je vous l'accorde! il y a tant de secrets et de mys-
tères dans l'esprit et le cœur de l'homme! mais matériellement, au nom de la Science, je le nie! Et quand
même je vous concéderais pareille possibilité et au physique et au moral, auriez-vous, — en dehors de la
preuve, de la preuve certaine, que, dans l'espèce, cette
double possibilité n'est pas une hypothèse, une idée pure,
mais bien une réalité, un fait, — auriez-vous le droit de
me l'opposer, vous, mes accusateurs, vous qui demandez
ma tête, vous à qui la loi de tous les temps et de tous
les pays, de concert avec la raison universelle, impose
l'obligation de prouver votre accusation? Moi, accusé, je
plaide *Non coupable!* — A vous de démontrer ma culpabilité! — Mais je fais plus! Armé des règles de la Morale
et des constatations de la Science, je plaide et prouve *Non
possibilité de culpabilité!* Et vous oseriez encore m'accuser! »

XLIX. — Vous me répondez : Combien de fois la morale et la science n'ont-elles pas été forcées d'avouer leur
impuissance à expliquer certains faits? Vous parlez de
règles de la morale? Mais connaissez-vous toutes les excep-
tions à ces règles? Et les constatations de la science, en
connaissez-vous les limites? Il est quelque chose au-dessus
de la morale et de la science, quelque chose qui souvent
tient la première en échec, et réduit la seconde aux abois!
c'est un ensemble, un concours de faits et de circonstances qui commandent invinciblement la conviction,
engendrent fatalement la certitude, et produisent cette
impression d'où sort le verdict du juge et surtout du

juré (1). — Pas d'intérêt, dites-vous, pas de crime ! pas de
poison, pas d'empoisonnement ! Mais, devant ce *quelque
chose,* que valent ces beaux adages ? Rien ou à peu près
rien ! Eh bien ! ce *quelque chose,* nous le tenons, c'est la
rumeur publique, ce sont les dépositions des témoins,
c'est la déclaration de la victime ! — Objections sans portée ! vaines allégations, inapplicables théories dont, avant
même d'analyser les autres enquêtes, nous devons en
toute hâte faire bonne et prompte justice.

L. — La rumeur publique ? Qu'est-ce à dire ? Étrange
preuve que celle-là ? La rumeur publique ! ce bruit, cet
écho formé de mille échos et de mille bruits, venant on
ne sait d'où, allant on ne sait où, se perdant on ne sait
par où, — naissant, croissant, mourant on ne sait ni comment ni pourquoi, — bulle de savon qui, lancée dans
l'espace, par le souffle inconscient d'un enfant, tour à
tour, monte, descend, circule un instant au gré de l'air,
pour se dissiper ensuite et s'évanouir à jamais ? A quoi
la comparerai-je encore ? A la Renommée des Anciens,
légère, inconstante, capricieuse, ne parlant que pour
parler, affirmant sans raison, niant sans preuves, à la fois
niant et affirmant ce qu'elle dit et ce qu'elle répète par ses
cent bouches toujours ouvertes, ajoutant, retranchant,
multipliant, scindant ce qui lui plaît ou lui déplaît, sans
respect pour la vérité, sans pudeur pour la conscience,
— Protée insaisissable, revêtant successivement ou simultanément toutes les formes de la pensée et de la parole !
mais pour n'en conserver aucune, — Kaléidoscope magique d'idées vagues et incohérentes, montrant au même

(1) Art. 342 C. inst. crim.

instant le *pour* à la place du *contre* et le *contre* à la place du *pour*, et, à force de mêler et d'unir ensemble les choses les plus disparates et les plus opposées, formant de mille objets divers un seul objet fantastique, bizarre et, fascinant par la même, avec une merveilleuse facilité, les yeux d'une foule non moins ignorante que curieuse, toujours prête à préférer le chimérique au réel, et les charmes flatteurs du mensonge aux sévères attraits de la vérité. — Mais est-ce à dire que la rumeur publique ne puisse quelquefois être le précurseur ou le messager de la vérité? Non certes! Écho passif de tout ce qu'elle entend, il lui arrive de répercuter la vérité, aussi bien que l'erreur. Mais il lui faudrait alors, — ce qui lui manque dans la cause actuelle, — une base solide, un point de départ certain, une marche et une direction fixes, acceptés par le bon sens et avoués par la logique. Et encore, dans ces conditions rigoureuses, loin de constituer la certitude, la preuve juridique et rationnelle, ne constituerait-elle qu'une simple présomption, abandonnée à tous les hasards de l'appréciation judiciaire! Et c'est là ce que vous appelez, vous, une preuve! Et c'est sur ce *quelque chose,* que vous prétendez fonder une accusation, et quelle accusation, grand Dieu! une accusation d'assassinat! Mais, quoi! ignorez-vous que toute accusation, et surtout toute accusation capitale, au lieu de s'élever sur le sable mouvant de l'hypothèse, ne doit reposer que sur le roc immobile du fait, et que, pour ne parler que de la rumeur publique, entre l'enthousiaste *Hosanna* et le *Crucifige* frénétique du peuple, il y a ce qui est également éloigné de ces deux extrêmes, il y a ce qui est, — ni plus ni moins... la Vérité!

LI. — La déclaration de la victime! c'est le *Tu es ille vir* du Prophète, et j'avoue que la parole accusatrice de l'assassiné contre son assassin pèse d'un poids immense sur la conviction du juge. Tant de présomptions de vérité s'attachent naturellement à cette parole, — alors surtout qu'elle a été prononcée au moment, soit de la perpétration de l'assassinat, soit de la mort de l'assassiné?

— En face d'un meurtrier, comme en face de la mort, la victime n'a presque jamais ni le temps ni la volonté de mentir, et le cri qui s'échappe de ses lèvres, s'échappe également de sa conscience. — Mais, d'abord, cette déclaration existe-t-elle dans la cause? Et, à supposer qu'elle existe, porte-t-elle en soi, ou dans les circonstances qui l'auraient précédée, accompagnée ou suivie, les caractères indiscutables d'une déclaration véridique : la spontanéité du déclarant, la possibilité du fait déclaré, l'admissibilité juridique d'une déclaration rationnelle, et, puisque des témoins ont été entendus sur ce point, la confirmation directe ou indirecte de cette déclaration par des témoignages? Or, je dis qu'il n'est rien moins que prouvé qu'Abdallah-bou-Chekoua ait déclaré que le caïd Larbi était son meurtrier. — Ses frères l'affirment! J'en conviens! mais un témoin tout autrement désintéressé, au-dessus de toute suspicion, et dont la véracité est contrôlée par la déclaration du docteur qui visita Bou-Chekoua peu de jours avant sa mort, le nie et le nie en des termes qui défient toute contradiction et écartent tout doute! « Il (Bou-Chekoua) mourut, sans porter la moindre accusation contre personne. » Et qui, en effet, aurait-il accusé de sa mort? « Il était malade, très-malade, mais, quoiqu'il eût causé de sa maladie avec son frère, Malhein, l'un des témoins qui prétendent que la victime a désigné le caïd pour son meurtrier, il dit (au témoin Bel-Ouched) qu'il ne savait d'où lui venait sa maladie. » Ce n'est pas tout. Le docteur questionne Bou-Chekoua, trois jours avant sa mort, et Bou-Chekoua ne prononce pas même le mot d'empoisonnement, et le docteur n'en constate sur lui aucun symptôme. C'était bien le moment ou jamais de parler et du crime et du criminel, le crime étant certain, et le criminel étant connu ! Pourquoi donc ni par Bou-Chekoua lui-même, ni par ses parents, ni par ses amis qui connaissaient l'un et l'autre, pourquoi n'en a-t-il été rien, absolument rien dit ? Parce qu'alors l'écha-faudage de la plus calomnieuse des accusations n'était pas encore dressé, — parce que Bou-Chekoua, qui n'était ni ne voulait être complice d'une conjuration contre la vérité, à l'occasion d'une maladie dont il ignorait la cause, pouvait, d'un seul mot, en présence d'un ou plusieurs témoins sincères, et avant sa mort, qui n'arriva que trois jours après, détruire cet échafaudage et dévoiler cette conjuration ! Donc, pour éviter toute contradiction et toute confusion de la part de Bou-Chekoua, il fallait attendre sa mort ! On l'attendit ! Donc aussi, la déclara-tion de Bou-Chekoua est tout au moins logiquement douteuse ; donc enfin, elle n'a pas d'existence légale.

LII. — Il n'est donc pas certain que la déclaration ait été faite. En pareille matière, si telle est, moralement et légalement, la gravité d'un fait, que son admission en-traîne nécessairement la plus rigoureuse et la plus irré-parable des peines, un seul témoin négatif équivaut à cent témoins affirmatifs, quand, d'ailleurs, cette déclara-tion n'est confirmée ni par la nature du fait déclaré, ni par le caractère des témoins qui déposent de cette déclaration. Alors, le plus sage, c'est sans contredit de douter. Car ne pas être convaincu, comme le veulent la raison et la loi, c'est, en bonne logique et bonne conscience, c'est être contraint d'acquitter. Examinons les circonstances de la déclaration de Bou-Chekoua. Il mange et boit du *refis,* comme ses frères, chez Bel-Larbi. Le soir du même jour, et sans avoir éprouvé la moindre douleur, subi la plus légère indisposition, il revient, avec ses compagnons, dîner chez le caïd. En rentrant dans son douar, il parle, il devise de bien des choses, mais ne dit mot sur le prétendu empoisonnement tenté sur sa personne, et il ne tombe malade que huit jours environ après le déjeuner intoxicateur, tandis que, dans ce laps de temps, et dès le lendemain de ce repas, ses commensaux ont été l'un et l'autre obligés de recourir à l'huile salutaire d'Ahmed-ben-Djerbi! Pourquoi le même principe toxique agit-il si différemment sur celui-ci et sur celui-là? Ou plutôt pourquoi agit-il là et n'agit-il pas ici? Vainement invoquerait-on la variété des doses, la différence des tempéraments, etc.? Le poison, si poison il y eut, a dû, plus ou moins, troubler immédiatement, ou le lendemain au plus tard, toute l'économie vitale de ceux qui en ont bu, et on ne comprendrait pas que la même dose, ou à peu près, ayant été absorbée par plusieurs hôtes du caïd, l'un n'eût été malade, et malade à en mourir, que huit jours après, et que les autres aient été, à l'instant même ou le même jour, indisposés après avoir goûté du *refis!* Ce n'est pas ainsi qu'agit, quel qu'il soit, un poison, en quelque *poudre* qu'il consiste! Et, d'ailleurs, qu'est-ce qui pouvait amener Bou-Chekoua à penser que Larbi était son meurtrier, et qu'il mourait de ce qu'il avait mangé chez lui? Est-ce que Bel-Khreir, qui, lui aussi, avait bu de l'eau empoisonnée, était mort pour en avoir bu? Et Bel-Kassem-ben-el-Hadj? — Vous direz : Mais ces deux hommes avaient eu la précaution que n'a pas eue Abdallah, de se rincer la bouche avec de l'huile. — Oui, mais l'un d'eux n'a-t-il pas déposé qu'il l'avait invité à se rincer la bouche comme lui, et qu'Abdallah ne l'avait pas voulu? Donc, Abdallah ne croyait pas à l'existence du poison, le jour de son prétendu empoisonnement. Donc, si, quelques jours après, quand il est tombé malade, il n'en a parlé ni au docteur ni à Bel-Ouched, c'est que, même alors, il n'y croyait pas davantage. Donc, enfin, il n'est pas probable qu'il y ait cru le jour de sa mort, et, en présence du témoignage de Bel-Ouched, il est certain qu'Abdallah n'a pas fait la déclaration que lui attribuent certains témoins.

LIII. — Mais supposons qu'elle existe? Est-ce qu'elle est spontanément sortie de la bouche de la victime? Est-ce qu'étant données les circonstances de cette déclaration, on n'est pas fondé à supposer et, qui plus est, à affirmer qu'elle a été inspirée, suggérée, à Bou-Chekoua, par les personnes qui étaient avec lui ou près de lui, soit avant sa maladie, soit pendant sa maladie, soit au moment de sa mort? Faudrait-il que Bel-Kheir et Ferrhat lui ayant, plusieurs fois, raconté qu'ils avaient, eux aussi, été empoisonnés par l'eau de la *settla,* et qu'ils n'avaient échappé à son action qu'en se rinçant la bouche avec de l'huile, Abdallah, qui n'avait pas, lui, pris cette précaution, a cru être empoisonné, et empoisonné sans remède, quand, deux jours après le repas du bordj de Larbi, il a ressenti les premières atteintes du mal dont il est mort? Mais, que dis-je? son empoisonnement, qu'il l'ait ou non déclaré, est-il possible en l'état du certificat pharmaco-légal? Ce certificat conclut à sa non-existence, parce que les organes révélateurs du poison n'en montraient pas même la trace. — Qu'on nous indique un seul poison si subtil et si puissant, que ses vestiges ne puissent en déceler l'existence? Qui ne connaît les substances toxiques connues des indigènes, et par eux mises en œuvre? Nous avons le répertoire de leurs Saganes et de leurs Locustes. Pas un seul de leurs poisons qui puisse échapper à notre analyse chimique! Que conclure de là, si ce n'est que le fait déclaré est impossible? Mais allons plus loin! La déclaration de Bou-Chekoua est spontanée; le fait, par lui, déclaré est possible! Tout cela suffit-il pour que cette déclaration s'élève à la hauteur d'une preuve judiciaire? Ne faut-il pas qu'elle soit rationnellement et juridiquement admissible, admissible par elle-même, admissible, grâce aux témoignages qui lui apporteraient leur confirmation et leur appui? — Mais comment la raison, comment le droit, qui en est l'expression, admettraient-ils, comme probante, une parole qui se contente de dire que celui qui la prononce, a été empoisonné par un tel qu'il désigne et qu'il nomme? Que prouvera cette parole? Une seule chose: l'affirmation ou la croyance de l'empoisonné qu'un tel est son empoisonneur. Mais pourquoi? mais comment? mais quand? mais en présence de qui? Bou-Chekoua n'en dit rien. Dès lors, qui vous assure que ce n'est pas, de sa part, une fausse opinion, une hallucination, un rêve, si, comme dans notre cas, la déclaration, sans spontanéité, impossible, inadmissible, n'est faite que douze jours après l'empoisonnement prétendu! — Mais qu'importe, si des témoins ont vu verser de la poudre dans la *settla?* — De la poudre? Oui! Mais du poi-

son, non! Non! car ils ne le disent pas et ils le diraient,
que rien ne prouverait qu'ils ne se trompent pas, — car
l'un de ces témoins était si peu sûr que cette poudre
fût du poison, ou plutôt était tellement sûr que ce n'en
était pas, qu'il ne se donnait pas même la peine d'avertir
un de ces compagnons, qui allait en boire, de l'immense
danger qui le menaçait; non! enfin, — car ce qu'ils avan-
cent n'est qu'une allégation, une appréciation qui tom-
bent en lambeaux devant les constatations matérielles
de la Science.

LIV. — Mais que nous parlez-vous encore de ces constatations? Nous leur opposons, nous, les attestations des
témoins! L'œil et l'oreille de l'homme ne valent-ils donc
pas, dans leur rapport avec la découverte de la vérité, ce
que vaut le creuset, ce que vaut le scalpel du savant, du
chimiste? — Arrivons donc à leurs attestations. Hélas! la
valeur des témoignages se jauge à la valeur des témoins.
Or, d'après vous, ces témoins prouvent et le fait de la décla-
tion de Bou-Chekoua et la spontanéité et l'admissibilité de
cette déclaration. Fort bien! mais quels témoins? Ce sont
assurément Ferrhat et Malhein. Ferrhat qui, en présence
de plusieurs Arabes, entend la déclaration d'Abdallah,
son frère, et, quelque soit son intérêt à les faire entendre plus tard par la Justice, n'a pas même la pensée de
demander les noms de ces Arabes! Malhein, qui désigne,
lui, par leurs noms, les témoins de cette déclaration,
mais laisse ses camarades et commensaux boire de l'eau
et manger du *refis* empoisonné, « de peur, dit-il, d'occasionner (par le moindre avertissement) du bruit et du
scandale dans la maison du caïd, Malhein, qui n'ose leur
parler du poison qu'après être sorti du bordj de l'empoi-

sonneur, et, bien qu'il ait vu verser dans la *settla* de la poudre qu'il soupçonne être du poison, ne prévient pas même d'un geste son frère Abdallah, « parce que le caïd était avec lui! » Malhein passe la nuit du lendemain de l'empoisonnement chez le fils d'Ahmed-bel-Ouched, sans lui dire un mot de l'empoisonnement de la veille, et cela, quoique Abdallah, déjà malade, se fût rendu avec lui dans la demeure de ce même Ouched, d'où il eut hâte de rentrer dans la sienne. O témoins avisés, dévoués, courageux! Qui donc croira jamais que vous ayez assez de cœur pour n'obéir qu'à votre conscience et résister à toute pression du dehors, pour obtenir de vous un faux témoignage, si cette pression, habilement exercée sur vous par l'influence directe ou indirecte d'un tiers intelligent et rusé, sert, en quelque manière, votre lâcheté et votre couardise? Et si cet homme se tient derrière vous, ou devant vous, pour dicter vos paroles et soutenir votre attitude hypocrite devant la Justice; si, doué d'une puissance irrestible, de la voix et de la main il vous pousse et vous précipite dans l'abîme du mensonge et du parjure; si, sans que vous vous en doutiez peut-être, il fait de vous ses instruments et ses complices, quelle foi mériteront vos dépositions considérées en elles-mêmes, et quel juge sera assez sottement confiant en vous, pour asseoir sur une base aussi fragile une condamnation capitale?

LV. — C'est assez et peut-être trop parler des témoins! témoins arabes, c'est tout dire, témoins déposant devant l'autorité française, devant des officiers français, contre un de leurs chefs, ami et auxiliaire de la France! Abordons les témoignages, non plus en eux-mêmes, mais, si

je puis ainsi parler, dans leur atmosphère ambiante. Je
veux bien accorder que, par une sorte de miracle, ils ne
se contredisent et ne se combattent pas entre eux, et, qui
plus est, que tous, mais tous sans exception, soient sincères. Je n'en soutiens pas moins qu'à l'endroit de la déclaration de Bou-Chekoua, ils ne fournissent nul appui, et même
que, confrontés et combinés ensemble, loin de l'appuyer,
ils l'ébranlent, et qu'en dernière analyse, ils la renver-
sent et le réduisent à néant. Et, en effet, vue au flambeau
d'une saine et rigoureuse logique, l'appréciation d'un
mourant sur la cause interne, secrète, médiate, indirecte
de sa mort, peut-elle être autre chose? Et que cette
déclaration soit ou non entendue par un ou plusieurs
témoins, qu'ajoutent leurs dépositions à cette déclaration elle-même? Elle est ce qu'elle est, rien de plus, rien
de moins! Qu'est-ce donc quand ces dépositions apportent
à cette thèse l'appoint de circonstances extérieures, étrangères à la déclaration du mourant, qui mettent, dans
tout leur jour, des faits incompatibles avec l'existence, ou,
tout au moins, la nature de cette déclaration? Comment
donc? Bel-Larbi veut empoisonner, et empoisonne Abdallah, et vous ne prouvez ni la préméditation de son crime,
ni le moyen qu'il a employé pour le commettre! Que
dis-je? par vos *paroles* et par vos *actes,* vous avouez
vous-même que cet empoisonnement n'existe pas! par
vos paroles! oui, deux fois vous avez fait cet aveu
devant le lieutenant et le capitaine enquêteur du bureau arabe! — au premier, en lui disant, vous et les
vôtres, que les réclamations contre le caïd Bel-Larbi n'é-
taient nullement fondées et ne constituaient qu'une intrigue méditée par Ahmed-el-Haouar, contre ce chef indigène; au second, en lui déclarant spontanément retirer

toute plainte et toute accusation contre ce dernier, demandant indulgence et pardon pour la légèreté avec laquelle vous aviez accusé votre caïd. — Par vos actes! oui! car, le soir même du jour de l'empoisonnement, vous êtes revenu dîner et passer la nuit chez le caïd, l'empoisonneur de Bou-Chekoua, votre frère et votre ami! Ah! si vos attestations étaient véridiques; si, comme l'a dit l'un de vous, vous aviez cru, sincèrement cru, que Bel-Larbi avait tenté d'empoisonner un ou plusieurs d'entre vous, vous vous fussiez empressés, — la nature, le sang, l'amitié, l'humanité, vous le commandaient à l'envi, — ou de ne rien faire de ce qu'ils ont fait, ou de ne rien dire de ce qu'ils ont dit! Leurs actes, en effet, contredisent leurs paroles, et leurs paroles contredisent leurs actes. A n'entendre que leurs paroles, l'empoisonnement de Bou-Chekoua est un effet sans cause, et, à ne voir que leurs actes, une cause sans effet! ici, un non-sens; là, une absurdité! Et on ose invoquer contre Bel-Larbi de pareils témoignages émanant de pareils témoins! *O sancta gens!*

LVI. — Mais qu'est-il besoin de fouiller davantage dans les *plis* et *replis* de ces dépositions? Vous prétendez qu'elles sont sincères, je le veux bien..., concordantes, je le veux bien encore. Mais, de grâce, cessez de prétendre qu'elles sont concluantes! Concluantes — sur quoi? Sur l'empoisonnement de Bou-Chekoua? Concluantes — contre qui? Contre le caïd Bel-Larbi? Allons donc! mais il me suffira d'un seul mot pour les pulvériser sur ce point. Que disent ces dépositions? Que la substance bue ou mangée par Bou-Chekoua était un poison? Pas le moins du monde! Que Bel-Larbi l'a administrée, préparée, ou tout au moins procurée? Nullement! Que disent-elles

donc ? Que ceux qui ont vu Ben-Chekoua avaler cette
substance, et qui, plus tard, ont entendu son accusation
contre Larbi, *pensent* que Bou-Chekoua est mort empoisonné, et empoisonné par le caïd ! Pressez-les, pressez-les
encore, ces dépositions ! vous n'en ferez pas sortir autre
chose ! Ah ! vous *pensez* que Larbi a empoisonné Bou-Chekoua ! mais je ne vous demande pas ce que vous *pensez*
de la mort de ce dernier. Ce que je vous demande, ce que
je veux de vous, inconséquents témoins, c'est que vous
me disiez ce que vous avez vu, ce que vous avez entendu,
c'est que vous me déclariez des faits et non des appréciations, des faits matériels, brutaux, et non des déductions morales et plus ou moins intelligentes ! — A vous
d'affirmer ou de nier un fait ; à la justice seule de l'ad-
mettre ou de le rejeter, d'en apprécier le sens et de le
juger ! Dites, c'est votre droit : J'ai vu certainement, certainement j'ai entendu, mais ne dites pas : J'ai *infailliblement conclu.* Cela ne vous est pas permis !

LVII. — Mais voulez-vous une nouvelle, et cette fois,
immense concession ? Eh bien ! oui, ni vous, ni Bou-
Chekoua ne vous êtes trompés. L'empoisonnement est
certain, certaines aussi les circonstances de l'empoisonnement — révélées par les témoignages. L'auteur de cet
empoisonnement, quel est-il ? Bel-Larbi ? — Mais, d'a-
près vous-même, d'après Bou-Chekoua, Bel-Larbi n'a ni
versé, ni remué l'eau et la poudre, ni présenté la *settla.*
Il n'était pas là ! Pourquoi donc ne pas accuser son serviteur, Cheriff, lui qui a versé, lui qui a remis, lui qui a
présenté la substance toxique ? Singulières *conclusions* que
les vôtres ! Le crime a été perpétré dans la maison de
Larbi, donc Larbi en est l'auteur ! mais c'est le *nec plus*

ultra de l'absurde ! — Cherif est le serviteur de Larbi,
donc Larbi est coupable de l'empoisonnement *réalisé* par
Cherif. — Mais depuis quand le maître est-il coupable du
crime commis par son serviteur? Le crime, comme la
vertu, n'est-il pas personnel ? — Sans doute ! mais si la
main du serviteur qui obéit, est mue, instruite, dirigée
par la pensée du maître qui commande ! — C'est là ce
qu'il vous faut prouver, et c'est ce que, ni par des faits,
ni par des inductions, ni par des déductions, vous ne
parviendrez jamais... à prouver? moins que cela..., à
rendre vraisemblable? moins encore..., à faire accepter
comme probable !

LVIII. — Non! Il n'est ni vraisemblable ni probable, j'a-
joute : ni possible que Bel-Larbi soit auteur ou complice
du crime que vous lui imputez! Je vous le répète, pas
d'action sans mobile, pas de crime sans intérêt. Que faisait au caïd la mort violente de Bou-Chekoua? Entre lui,
caïd, et Bou-Chekoua, simple prolétaire, existait-il, pouvait-il exister quelque rivalité administrative? Entre ces
deux hommes, y eut-il jamais quelque inimitié, quelque
querelle? A tort ou à raison, la chronique scandaleuse
des Harractas raconte-t-elle ou laisse-t-elle entendre, ne
fût-ce qu'à titre de soupçon ou d'insinuation, qu'entre eux,
il fut un jour question d'un de ces faits et gestes amou-
reux, source de tant de discordes de vengeances parmi les
Arabes? Ou bien enfin, directement ou indirectement, la
mort de Bou-Chekoua pouvait-elle faciliter à Larbi l'exé-
cution d'un projet, la réalisation d'une pensée, que
sais-je encore? la consommation d'un acte quelconque,
assez avantageuse et assez importante pour le détermi-
ner à ne pas reculer devant le plus lâche et le plus

odieux des assassinats ? Et quand on songe que le caïd
avait tout intérêt à ne pas se souiller d'un pareil crime,
qu'il y allait non pas seulement de sa tête, mais de l'a-
venir de sa nombreuse famille, et qu'à moins d'être, ce
qui n'est certes pas, le plus imbécile des hommes, — lui
qui savait si bien les dispositions hostiles des Ouled-
Khanfar à son endroit, — il avait assurément compris que
tout, en lui et autour de lui, dans sa conduite privée et
publique, devait écarter de sa tête jusqu'au moindre soupçon d'un crime ou d'un délit quelconque de sa part contre
d'intraitables et irréconciliables ennemis, — on se demande sérieusement si Larbi, ce chef si connu par son
intelligence, sa circonspection et sa sagesse, a pu concevoir
l'idée d'un empoisonnement qui serait plus qu'un crime,
une faute (1) ! plus qu'une faute, une folie !

LIX. — Ainsi rien, absolument rien, qui explique le
crime ! Mais il n'en est pas de même de l'incrimination.
Dans certaines fractions de la tribu, on ne voulait plus
du caïd, — il fallait en finir avec lui, et le meilleur moyen
à employer, c'était la calomnie, la diffamation, la dénonciation dans le sein de la tribu, en ville, devant l'Opinion,
devant l'Autorité. — Moyen machiavélique, s'il en fut, et
d'autant plus puissant qu'il était plus opportun, d'autant
plus praticable qu'il devait tout naturellement sourire à
des hommes pour qui la fin justifie toujours les moyens.
Nul doute que, pour atteindre la leur, la *démolition* du
caïd Larbi, — les ennemis de celui-ci ne fussent obligés de s'entendre et de se concerter dans l'ombre et
le mystère pour ourdir avec succès contre lui une conju-

(1) Allusion à un mot de Talleyrand.

ration, dont tous les membres seraient tenus, sous la foi d'un serment solennel, à n'en rien révéler aux *profanes*. Il était tout aussi certain que, pour se faire au dehors des partisans qui, au besoin, leur prêteraient main-forte, ils avaient besoin de contre-balancer l'influence de Larbi par une influence contraire. Or, l'influence du caïd ne lui venait-elle pas en grande partie de l'Autorité militaire? Commandant supérieur et Bureau arabe n'étaient-ils pas son appui? C'était donc à cette Autorité qu'ils devaient s'attaquer. En toute autre circonstance, la chose eût été impossible : comment une poignée d'Arabes, sans autre lien entre eux que la pensée de se défaire d'un chef qui leur était odieux, sans autre force que la ferme résolution de renverser, à tout prix, son pouvoir sans autre guide que les inspirations d'une haine commune, comment, dis-je, une poignée d'Arabes eût-elle osé, en temps ordinaire, porter une main impie sur l'arche sainte du commandement et poser un pied sacrilège sur le sanctuaire du pouvoir militaire? Mais le vent était à l'Autorité civile. Des décrets étaient publiés et d'autres allaient l'être, qui amoindrissaient territorialement et moralement l'Administration militaire. On commençait même à mettre en question l'existence des Bureaux arabes! Sauf deux ou trois de ses organes, la presse de l'Algérie combattait tout entière une institution qui, disait-elle, avait fait son temps et, d'ailleurs, était condamnée à tomber devant les institutions civiles et les justes exigences d'un Régime civil, avant tout, colonisateur. Quelques-uns des conjurés, et Abdallah-ben-Haouar passait pour être du nombre, venaient assister, à Constantine, à diverses manifestations de l'opinion publique contre tout ce qui rappelait encore le régime anti-colo-

nisateur de l'Autorité militaire. Ce régime, sous toutes
ses formes, était-il autre chose que la création d'un gouvernement despotique, ennemi de la décentralisation administrative et de la liberté politique? La République était
proclamée pour les Européens comme pour les Arabes,
et le jour approchait où les Arabes jouiraient, eux aussi,
des bienfaits de la devise républicaine. Pourquoi les Arabes n'éliraient-ils pas leur chef, au nom de la Liberté?
Pourquoi, au nom de l'Égalité, ne seraient-ils pas enfin
délivrés de leurs chaînes féodales? Et la Fraternité, si
elle n'était pas un vain nom, ne devait-elle pas consacrer
parmi eux les conséquences de la Liberté et de l'Égalité
politique par leur fusion civile avec les Européens? A
bas donc l'Autorité militaire! plus de commandement
supérieur! plus de Bureau arabe! plus de caïd, plus de
cheïkhs nommés par le Pouvoir! Des maires, des sous-
préfets, des préfets, des chefs arabes choisis, élus, par
les tribus! Plus de distinction entre les territoires de
l'Algérie! Partout le régime civil! Voilà ce qu'on disait
tout haut, chez les Harractas, vers la fin de l'année dernière. Voilà ce que commentaient un petit nombre de
meneurs de l'opinion publique! Voilà ce que les orateurs
de la trempe de Haouar allaient prêchant et divulgant
de fractions en fractions, de djemmâas en djemmâas, dans
tous les coins de la tribu des Haractas, si bien que, dans
un moment d'excitation et d'exaltation, la Mairie d'Aïn-
Beida, — spectacle inouï! — fut littéralement assiégée par
de longues files d'Harcatis demandant à cor et à cris de
n'être désormais administrés que par l'Autorité civile.

LX. — L'occasion était merveilleusement favorable aux
menées des adversaires du caïd. Depuis la proclamation

de la République, et surtout depuis la publication des décrets modificatifs de l'administration des territoires militaires, la ville d'Aïn-Beida ne se sentait plus d'aise et de bonheur! Avait-elle donc été jusqu'alors opprimée par le commandant supérieur du district de ce nom? La République avait-elle brisé ses fers? Le chef de la jeune Municipalité avait-il eu à se plaindre de ses rapports avec le capitaine Marty, et le Bureau arabe avait-il entravé son action? Qui le croirait? Qui oserait l'affirmer, même parmi les détracteurs émérites de l'autorité militaire? Non! Aïn-Beida ne devait à rien de semblable la cause de son joyeux émoi. Il était en face du nouveau et de l'inconnu (1), et il se berçait de l'espoir prématuré de jouir sans transition, des charmes de l'un et des magnificences de l'autre, — double et amère illusion, triste et décevant mirage qui s'évanouirait bientôt, et, sur « l'onde, » où on croyait contempler le majestueux spectacle d'un « puissant navire, » ne montrerait plus que de frêles et vulgaires bâtons flottants (2). Quoi qu'il en soit, à la faveur de cet émoi et de ce prestige, bien des têtes s'échauffèrent. Européens et Arabes s'imaginèrent que tout allait être changé dans l'administration de la ville et de la tribu. L'avénement de la République, n'était-ce pas l'avénement d'une ère nouvelle? Arrière le sabre du soldat! place à la pioche du colon. La conquête est finie, la pacification est terminée! Le jour de la colonisation sur une vaste échelle, sans dualisme de territoires, d'autorité, d'administration, était enfin arrivé! Pour les Arabes, c'en était fait du règne des caïds. A l'avenir, ils n'obéiraient qu'à des chefs élus par leurs Djemmâas. Quelques-uns d'entre eux, no-

(1) *Omne ignotum pro magnifico*. (Tacite.)

(2) La Fontaine, *Le Chameau et les Bâtons flottants*.

tamment les Oulad-Khanfar, ne virent, dans le gouvernement républicain, qu'une heureuse occurrence de secouer le *joug* de leur caïd Larbi, et ils n'eurent garde de la laisser échapper. Ce caïd était l'homme-lige, le serviteur à toute épreuve, le passif instrument de l'autorité militaire. La chute de celle-ci n'entraînerait-elle pas la chute de celui-là? C'était le moment de démasquer leurs batteries. Aussi, n'épargnèrent-ils ni plaintes, ni démarches, ni pétitions, et mirent-ils tout à la fois en œuvre le double concours des indigènes et des Européens. Pressentant avec raison que leur demande ne serait pas accueillie, s'ils ne la fondaient que sur des motifs administratifs et politiques, ils eurent soin de lui donner pour base une accusation dont le succès déterminerait infailliblement la destitution d'un indigne caïd. On ne pouvait mieux calculer la ruine d'un ennemi. Mais on avait compté sans la justice qui, dès les premiers pas des conjurés, n'avait, elle aussi, rien épargné pour découvrir leur trame, et les prendre eux-mêmes, s'il est permis de le dire, dans les filets ou ils avaient espéré prendre Ali-bel-Larbi.

LXI. — Le Bureau arabe veillait. Depuis les premiers symptômes d'agitation indigène, partout et toujours, tout yeux et tout oreille, il se tenait à l'affût de tout fait et de toute parole qui pourrait lui apprendre la cause, l'objet, les moyens, le but de cette agitation, et, par ses découvertes, prouvait l'efficacité de son intervention dans les affaires arabes. Soyons juste envers tous, même envers les Bureaux arabes, bien qu'à cette heure, le vent de l'opinion, de ce qu'on appelle, à tort ou à raison, l'Opinion publique, leur soit tout à fait contraire ! Sans eux, dans la plupart des conjonctures, les poursuites judiciaires, d'ail-

leurs les plus fondées et les mieux dirigées, resteraient sans effet. Pour qu'elles aboutissent, il faut éclairer leur marche à la lueur des habitudes, des mœurs, des usages, des traditions et des préjugés du pays. Comment, sans ce fil conducteur, ne pas s'égarer dans le dédale des mensonges, des réticences, des contradictions dont regorgent les dépositions des Arabes? Comment deviner le secret de ces consciences élastiques, si habiles à composer avec elles-mêmes? Comment juger de la valeur morale de témoignages presque tous entachés d'une vénalité proverbiale? Seuls, par leurs rapports quotidiens et forcés avec eux, les Bureaux arabes peuvent le savoir et le savent. Que ne puis-je dire ici tout ce que je pense d'une institution, imparfaite sans doute, comme toutes choses humaines, mais susceptible de perfectionnement, — admirée par les uns, exécrée par les autres, — trop louée par ceux-ci, trop blâmée par ceux-là, — sorte de pont jeté par la force des choses, entre l'Administration française et l'Administration indigène, pour rapprocher et rattacher entre elles les populations chrétiennes et musulmanes de l'Algérie, — institution nécessaire, créée qu'elle a été par des circonstances fatales et exceptionnelles de temps, de lieu, d'administration, de politique, nécessitant, en 1844 (1), comme dans les premières années de la Conquête, comme aujourd'hui, et, qu'on ne s'y méprenne pas, comme demain, l'action permanente d'une autorité forte, prompte, expéditive, — en même temps, et dans une certaine mesure, pouvoir législatif et exécutif, administratif et judiciaire, universel et illimité, — confiée à des mains également habituées à brandir l'épée et à tenir la plume, à com-

(1) Arrêté minist. 1-12 février 1844.

mander et à administrer, — institution qui, quoiqu'on en dise, de quelque nom qu'on la baptise, quelle que soit la qualité, quel que soit le costume de celui qui la représente, conservera sa raison d'être et restera debout, — tant que la France aura besoin de se faire connaître, respecter et servir par des vaincus réfractaires à ses idées, à sa religion, à sa civilisation, et vivant sur des territoires non encore occupés de fait par des colons, — tant que, pour maintenir les indigènes dans le devoir, il ne lui sera pas possible de se passer d'agents officiels chargés d'amener le contact et de préparer la fusion de l'élément vaincu avec l'élément vainqueur! Jusque-là, il lui faudra des intermédiaires, des initiateurs, des instituteurs, des moniteurs à képi militaire ou à casquette civile, peu importe, et c'est là ce que furent, ce que sont, ce que seront les Bureaux arabes. Ne demandez donc pas leur suppression, mais leur réformation et leur transformation! Les supprimer! Et comment? Vous aurez beau faire! vous serez forcé de les remplacer. Or, on ne supprime, on ne détruit pas ce qu'on remplace! Pour longtemps encore, ils seront indispensables, et s'ils n'existaient pas, il faudrait les créer! — Mais leurs abus, mais Doineau, mais Jobst! — Leurs abus? faites main-basse sur eux! — Que désormais ils soient rigoureusement et sérieusement inspectés, contrôlés! — Que tout le poids d'une administration multiple ne pèse plus sur les faibles épaules d'un officier, parfois jeune encore, soumis à toutes les tentations, exposé à tous les excès d'un pouvoir, à tant d'égards, autocratique et souverain, — magistrat universel, tout à la fois, questeur, édile, censeur, préteur, consul! — Alors, plus de Doineau, plus de Jobst, ces Verrès de l'Administration militaire! — Divisée, leur autorité sera moins dangereuse pour l'administrateur, pour l'administration, pour les administrés... Mais reprenons le cours de notre discussion.

LXII. — *Troisième enquête.* — Enquête du juge de paix d'Aïn-Beida. — Après les enquêtes Raffin et de Lestoc, toute autre enquête devenait, ce semble, superflue. Mais il ne devait pas en être ainsi. Les dénonciateurs du caïd crurent que, battus devant l'autorité militaire, ils seraient victorieux devant l'autorité civile. Une plainte, à peu de chose près identique à ses devancières, signée des deux frères de Bou-Chekoua et de *tous les Haractas,* fut donc par eux adressée au juge de paix d'Aïn-Beida et au parquet de Constantine, et par suite, une troisième enquête fut ordonnée. — Quel en fut le résultat? Le même que celui des deux premières : nul, complétement nul, au regard de l'accusation. Telle fut l'opinion du magistrat qui y procéda, telle, l'appréciation du chef de parquet. A peine celui-ci en avait-il lu le procès-verbal, qu'il en ordonnait le classement par ces mots : *classer faute d'indices.* Ainsi, voilà un caïd accusé de sept assassinats ! Une enquête préparatoire est faite pour découvrir et constater le septième, et, sur la lecture de cette enquête, sans même en remettre le procès-verbal au magistrat informateur, pour une enquête définitive, l'affaire est classée, abandonnée, faute d'indices, faute des éléments les plus essentiels, pour qu'il puisse y être donné suite ! Qu'est-ce donc que cette décision du Magistrat, gardien de la loi et de la vindicte publique? Pouvait-il penser, plus formellement, que l'accusation ne portait sur rien, que les accusateurs n'étaient que des délateurs calomnieux, et qu'au fond de toute cette affaire, il n'y avait, chez eux, qu'une chose :

le parti-pris de se défaire, par un moyen quelconque, et même par la mort, d'un caïd qui ne leur *allait* pas ? Et n'était-ce pas dire aux plaignants : Votre plainte n'est qu'une machine de guerre inventée pour les besoins d'un système de calomnies contre votre chef. — Pour vous débarrasser de lui, vous vous êtes servi du plus odieux des moyens, de la dénonciation calomnieuse. Eh bien ! je n'en tiens aucun compte ! Allez-vous-en, et tremblez que le caïd ne réclame un jour, contre vous, toutes les sévérités de la loi ! Vous n'êtes que de lâches diffamateurs !

LXIII. — *Quatrième et cinquième enquêtes.* — Enquêtes Sainte-Foix et Borely. — Cette fois, ce ne sont plus les ennemis de Bel-Larbi qui provoquent de nouvelles enquêtes. C'est Bel-Larbi lui-même, c'est aussi le capitaine Marty. Les choses en sont venues à ce point que la ville d'Aïn-Beïda, à l'instar de la tribu des Haractas, est partagée en deux *soffs* ou partis administratifs, — je n'ose dire politiques : — le parti de l'autorité civile, le parti de l'autorité militaire, comptant, parmi ses adhérents indigènes, le premier, El-Haouar et les Ouled-Khanfar, — le second, Bel-Larbi et presque tous les Haractas. Naturellement, la Municipalité d'Aïn-Beïda accorda toutes ses sympathies aux gens d'El-Haouar, tandis que le commandant supérieur patronna de tout son pouvoir les gens de Bel-Larbi. Qu'advint-il de cette scission ? Ce qui advient toujours en pareil cas : les esprits s'aigrirent, les bons rapports cessèrent, et Aïn-Beïda, ordinairement si calme et si paisible, fut sérieusement menacé de troubles intestins qui eussent pu compromettre la sécurité publique du district, sans les mesures intelligentes et énergiques prises par le capitaine Marty. La tranquillité rétablie, cet officier, de concert avec le caïd, voulut que l'Administration supérieure sût exactement à quoi s'en tenir, et, pour cela, sollicita une double enquête administrative, à Aïn-Beïda même. C'est alors que la Division, d'un côté, la Préfecture, de l'autre, commettaient, pour procéder à cette enquête, MM. Sainte-Foix et Borely. — Nous savons enfin aujourd'hui son résultat. Il est tel que l'espéraient fermement ceux qui l'avaient provoquée. — La conduite du capitaine Marty ne mérite que des éloges. L'accusation d'empoisonnement lancée contre le caïd Larbi n'a aucun fondement. L'autorité militaire est à l'abri de tout reproche. Mais il en est autrement de l'autorité civile ou municipale. Cette enquête nous est d'autant plus précieuse, que, quoiqu'elle ne s'occupe qu'incidemment, à titre d'épisode, du crime imputé au caïd, cependant, si prouvées et si nettes sont les informations, si certains et si probants sont les renseignements recueillis sur ce point, que je ne voudrais rien de plus pour démontrer non pas seulement la non-culpabilité, mais bien encore l'innocence de Bel-Larbi.

LXIV. — Concluons : — En *fait,* depuis moins de trois ans, plusieurs dénonciations ont été faites contre le caïd Bel-Larbi, moins en tant que fonctionnaire que comme particulier, à des officiers de justice ou de police administrative ou judiciaire. Ces dénonciations ont été faites *par écrit* et *spontanément.* Le fait dénoncé est un fait des *plus graves,* et la *fausseté* de ce fait est certaine. Larbi a donc été victime d'une DÉNONCIATION CALOMNIEUSE. Mais, en *droit,* ces dénonciations, ainsi établies et caractérisées, constituent-elles à elles seules le délit de *calom-*

nie, prévu et puni par la loi (1)? Évidemment non! Il
s'agit d'un délit, et tout délit suppose la coexistence simultanée de deux facteurs ou éléments dont il est le produit :
un fait *matériel* et un fait *moral*. Ici, le fait matériel,
c'est la plainte sans fondement adressée à l'autorité publique, dans des conditions légalement déterminées. Le fait
moral, ce sera, s'il existe, l'intention consciente, mé-
chante, coupable, de nuire, par une dénonciation calomnieuse, à la personne dénoncée. Or, cet élément existe-il
dans la cause? Que voulaient les plaignants? La destitution, ou tout au moins le déplacement, et, en cas de
plein succès de leur plainte, la mort de leur caïd! Et ils
savaient, puisqu'ils l'ont avoué, que le seul moyen d'atteindre cette fin criminelle, c'était de le rendre odieux à
ses chefs, ou même de l'immoler à leur vengeance, en pro-
voquant contre lui des poursuites dont l'échafaud pouvait être le terme fatal. La calomnie était donc dans leurs
mains, et, à leurs yeux, un instrument nécessaire de
ruine, d'infamie et de mort pour le caïd. Heureusement,
leur infernal système de dénonciations devait échouer
contre l'*heureux* et infranchissable écueil de la Vérité et
de la Justice.

LXV. — Bel-Larbi a patiemment attendu le jour de
l'une et de l'autre, et ce jour est enfin arrivé. Encore
quelques instants, et la Vérité éclatera dans toute sa splen-
deur, et la Justice, de sa main fraternelle, couronnera
publiquement et solennellement la Vérité! Vérité et Justice! Voilà ce que veut, ce que demande, ce que reven-
dique mon client! la vérité, pour éclairer l'Opinion publi-

(1) Art. 373 du Code pénal.

que, si facile à éblouir par le mensonge, à égarer par l'erreur, à aveugler par la calomnie : la justice, pour avoir raison de ses dénonciateurs et les contraindre à de justes réparations. Mais cette justice et cette vérité, qui les mérite plus que lui? S'il a été menacé, persécuté, calomnié pour elles, n'est-ce pas parce que, toujours et partout, il a combattu avec nous pour la Civilisation, cette chose trois fois sainte, toute faite de vérité et de justice? Et ces calomnies, et ces persécutions, et ces menaces, quand ont-elles fondu sur lui avec plus d'acharnement et d'ardeur? N'est-ce pas au moment même, où, poussé par l'élan généreux d'un dévouement à toute épreuve envers la France, il s'efforçait d'opposer aux terribles envahissements de l'incendie insurrectionnel, qui déjà ravageait les cercles de Souk-Arrhas, de Tébessa et de Batna, la digue insurmontable qui les empêchait de s'étendre jusqu'au cercle d'Aïn-Beida? Oui, si jamais homme, si jamais Algérien, si jamais fonctionnaire indigène fut digne de la protection de la France, c'est le caïd Bel-bel-Larbi! Et cette protection n'est pas un privilége, c'est un droit, et un droit rigoureux, absolu, appartenant à tous, — le droit de se laver de tout soupçon d'accusation injuste, et d'appeler sur la tête de ses accusateurs, toutes les foudres de la loi, — en d'autres termes, — le droit à la vérité et à la justice, à la vérité hautement et judiciairement proclamée, à la justice pleinement et inflexiblement appliquée!

Constantine. — Typ. L. Arnolet

www.ingramcontent.com/pod-product-compliance
Lightning Source LLC
Chambersburg PA
CBHW032324210326
41519CB00058B/5496